斉藤謠子

1パッチ・2パッチ・3パッチ

スリーパッチで
できるキルト

日本ヴォーグ社

CONTENTS

パターンを縫う

HOT LINE ホットライン

この本に関するご質問はお電話・WEB で
書名／スリーパッチでできるキルト
本のコード／ NV70811
担当／石上
Tel:03-3383-0634（平日13:00～17:00受付）
Web サイト「手づくりタウン」
https://www.tezukuritown.com/
※サイト内（お問い合わせ）から
お入りください。（終日受付）

はじめに

パッチワークの基本は四角つなぎ。
四角だけをつないでも、布の柄や色をいかすと
とても魅力的なものになります。
四角の角を対角線に結ぶと
三角形がふたつできます。さらに線を加えると…
パッチワークのパターンが生まれてきます。
パターンは複雑なものもたくさんあるけれど、
シンプルなピースでできたものは、
でき上がりがかわいらしいものが多く、
飽きがきません。
シンプルなパッチでできるキルトを、
ぜひお楽しみください。

斉藤謠子

スリーパッチとは

パッチワークは、布と布をつなぎ合わせて作ります。基本の形は正方形ですが、長方形や三角形、六角形やカーブなどさまざまな形からも作ることができます。正方形などひとつの形だけで構成されたものがワンパッチ（1パッチ）、2つの形で構成されたものがツーパッチ（2パッチ）、3つの形で構成されたものがスリーパッチ（3パッチ）となります。布をカットする時は型紙を使いますが、スリーパッチなら3枚の型紙でできます。もっと複雑な形で構成するパターンもありますが、スリーパッチだけでもとてもおもしろい、魅力的なパターンを作ることができます。この本ではスリーパッチまででできるパッチワークを提案しています（一部スリーパッチ以上のものがあります）。布をつなぐことの楽しさを皆さまと共有できたらと思います。

四角と三角

1patch

A

四角をつないで立体的に作る小もの入れ。
フランスのピンクッション・ビスコーニュの形からヒントを得ました。

作り方▷42ページ

2種類の長方形をつないだツーパッチ。楕円形の底をつけて
かご風の小もの入れに。小さなはぎれが大活躍します。

作り方▷43ページ

B

2patch

1patch

C

小さな三角形をつないで大きな三角形に。
底と持ち手をつけたらバスケットの形になりました。

作り方▷44ページ

こちらも三角形をつないで大きな三角形に。
ワンパッチでできました。
まちをつけて綿を詰めればクッションに。

作り方▷46ページ

D 1patch

Eは三角形を分割して作るツーパッチ。
Fは正方形を分割した三角形をつないで作るワンパッチ。
分割を増やしてつなぎ方のバリエーションを増やしてみましょう。

作り方▷48・49ページ

G

長方形を横と対角線にそれぞれ分割したツーパッチでつなぎました。
袋口には口布をつけて巾着状に仕立てています。

作り方▷50ページ

分割を楽しむ

H

1patch

三等分した正方形を向きをかえて並べると、交差した柵のように
見えてきます。レールフェンスと呼ばれるパターンです。

作り方▷51ページ

正方形に線を足してみてください。ちょっとの工夫で
いろいろな顔が見えてきます。目や鼻を刺しゅうして仕上げましょう。

作り方▷52ページ

正方形を長方形で囲んでいます。
交差したところを濃色にすることで、立体的に見えてきます。

作り方▷54ページ

J
3patch

丸と四角をイメージして。
どちらも正方形を分割してできています。

作り方▷46ページ

K photo

複雑そうに見えますが、ツーパッチで縫えるパターンの組み合わせです。
ひとつずつのピースが小さいので、さまざまなはぎれを合わせてみましょう。

作り方▷56ページ

正三角形の底にカーブを加えると、アイスクリームコーンのように見えてきます。
どんなフレーバーにしようか、楽しみながら布を選んでみました。

作り方▷58ページ

M

3patch

ひし形

ひし形同士を組み合わせると、
矢羽根のような形が見えてきます。
配色次第では和風にもなりますね。

作り▷60ページ

N

ひし形を6枚放射状につなぐと、ダイヤモンドのように。
間も同じひし形でつないでワンパッチでできるパターンです。

作り方▷62ページ

六角形

P
2patch

細長い六角形に三角形を2枚はさんでつないでいます。
等間隔に引いた方眼に斜めに直線を加えて製図しました。

作り方▷64ページ

六角形と、六角形をひし形に三分割したピースでつないでいます。
六角形を先に作ってしまえばつなぎやすいですが、配色を間違えないように。

作り方▷66ページ

八角形

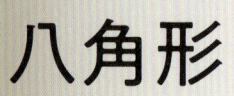

R

2patch

八角形と長方形の組み合わせ。
細長いピース同士の
すっきりしたピースワークを、
バック本体はダーツをとって
ふっくらした形に仕上げました。

作り方▷68ページ

パターンを縫う

2patch

S

台形を向かい合わせに組み合わせると、
糸巻きのパターンのでき上がり。
三角形のピースが土台になるような
配色にします。

作り方▷70ページ

四角を分割するとさまざまなパターンが生まれます。
方眼紙に線を引いてオリジナルパターンを作るのもたのしいですね。

作り方▷72ページ

T
2patch

細長い長方形を色鉛筆に見たてて。
色の並びも楽しんで配色しました。

作り方▷71ページ

Sと同じ糸巻きのパターンですが、こちらは
間に棒を加えてスリーパッチにしました。

作り方▷74ページ

V
3patch

W
2patch

二等辺三角形と長方形のツーパッチで作る、
トールパインツリーというパターン。
松の木が連なっているように見えますか?

作り方▷76ページ

X
3patch

二等辺三角形と長方形で正方形を囲んだスリーパッチ。
モンキーレンチというトラディショナルパターンです。
パターンと一枚布を組み合わせて、やわらかなベビーキルトに。

作り方▷73ページ

くり返すことで連続模様のように見えるROSE DREAMというパターン。
複雑に見えますがスリーパッチでできるパターンです。

作り方▷77ページ

Y 3patch

Z

3patch

ひし形のピースが集まるように
パターンを4枚集めると、
星の形が見えてきます。濃淡の配色で
ラインを引き立つようにして。

作り方▷78ページ

AZ
3patch

32

一辺が1.5cmの正方形をつなぎ合わせて、10.5cmのパターンを作り、
何枚もはぎ合わせました。小さな四角が大きな四角に。
パッチワークならではの醍醐味です。

作り方▷79ページ

基本の図形の描き方

■ **正方形**　方眼線の入っている三角定規が便利です。長方形もこの要領で描けます。

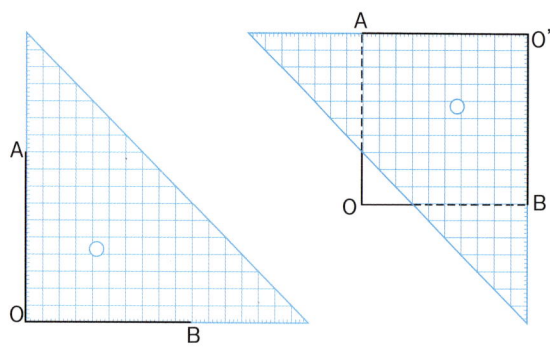

①三角定規で正方形一片の寸法を縦・横直角に描きます（OA、OB）。

②直角と平行になるよう定規を当て直し、O'からAとBを結びます。

▲ 正三角形

定規とコンパスを使って描きます。一つの角度は60度になります。

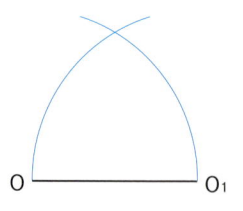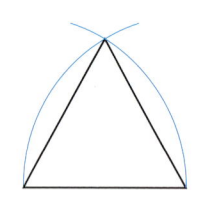

二等辺三角形

①正三角形の一辺を描きます。その両端O、O'を基点として一辺の長さを半径とする弧を描きます。

②その交点と一片の両端を結びます。二等辺三角形を描く場合は弧を描く半径を任意の長さにします。

▶ 直角二等辺三角形

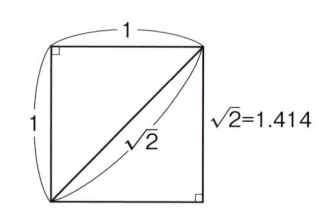

$\sqrt{2}=1.414$

描きたい一辺の長さの正方形を描き、対角線で等分します。対角線の長さは正方形の1に対して$\sqrt{2}$(1.414)となります。

◆ ひし形

向かい合う角度がそれぞれ60度、120度のひし形です。正三角形の描き方と同じ要領です。

⬢ 六角形　コンパスを使って描きます。

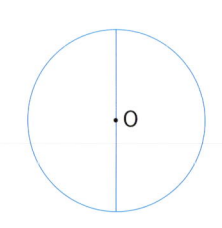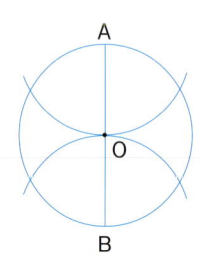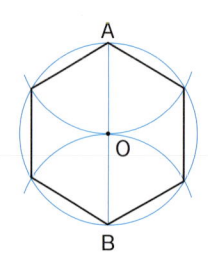

①六角形の一辺の寸法を半径とする円を描き、円の中心を通る線を引きます。

②同じ半径でA、Bを基点とする弧をそれぞれ描きます。

③円周上にできた6個の交点を結ぶと六角形になります。

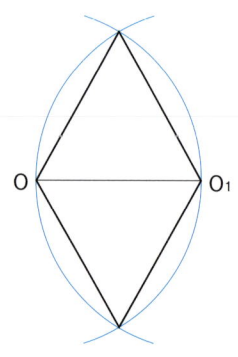

ひし形の一辺の寸法の案内線OO'を引き、その寸法を半径とする弧をO、O'から上下に描きます。交点とO、O'を結びます。

製図をしてみましょう

掲載作品の製図を紹介します。自分で製図をする際には方眼用紙を使うと便利です。

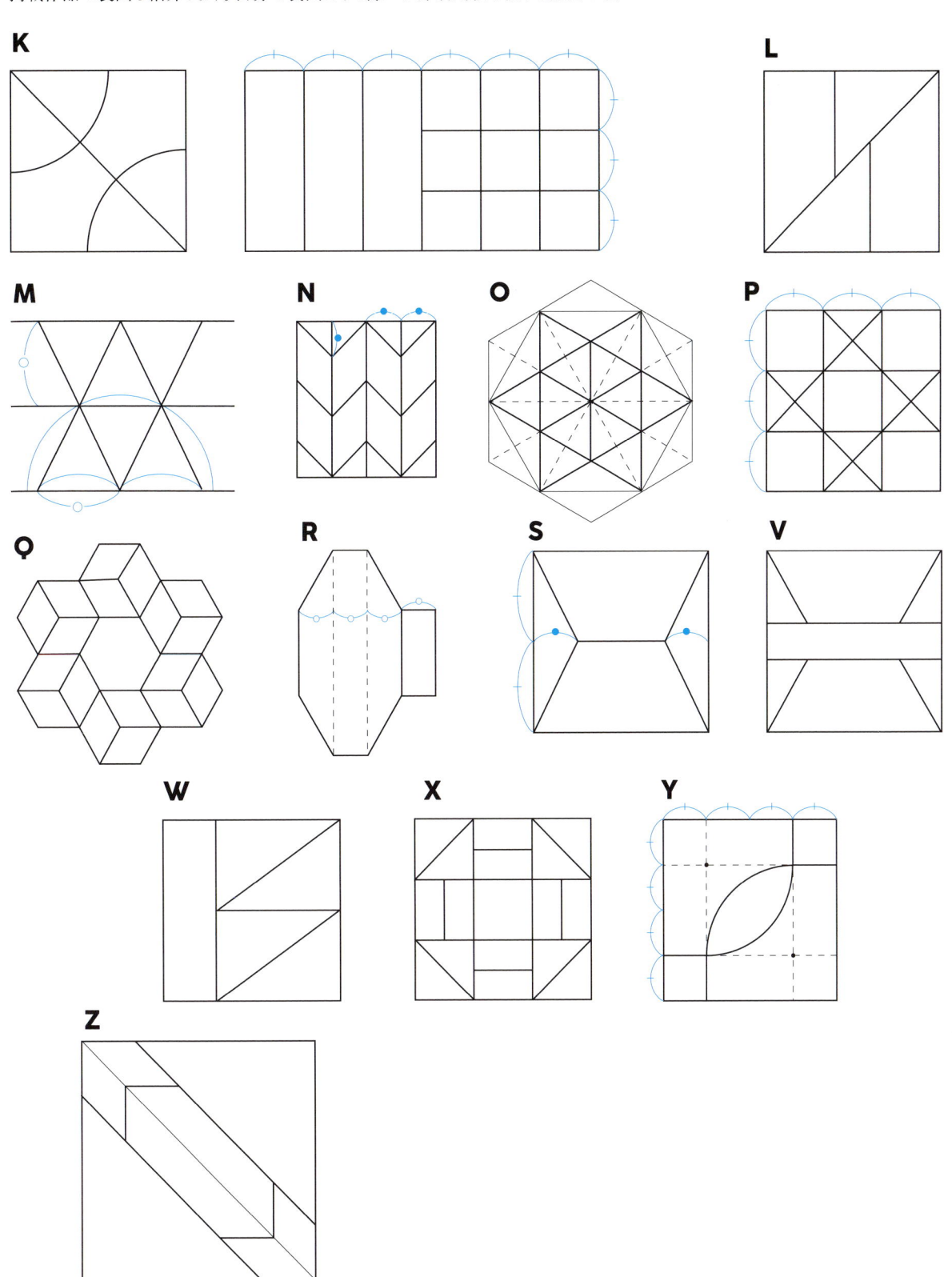

パッチワークの基礎

基本の道具

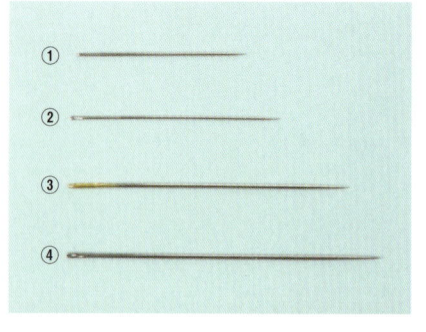

❶ はさみ／左から布切用、糸切り用、紙切り用。用途によって使い分けます。

❷ 糸切りリング／針を持たない手の親指にはめて使います。

❸ シンブル／手縫いでキルティングをする際に使います。

❹ ローラーオープナー／縫い代を開いたり、倒したりする際に使います（38ページ参照）。

❺ 目打ち／仕立ての際に角を出したり、ミシンで縫う際に布を押さえるのに使います。

❻ プラスチック製スプーン／しつけで針をすくう時に針先を受けるのにあると便利です。

❼ 印つけペン／布用の水で消えるペン。白と黒があると便利です。

❽ プッシュピン／しつけをかける時に布を固定するのに便利です。

❾ 刺しゅう枠／刺しゅうをする布にはめて使います。

❿ 定規／方眼や平行線の入ったものが便利です。

⓫ 糸通し／針と糸をセットすると針に糸が通ります。

⓬ まち針／仮止めするための針。

⓭ 文鎮／小さなもののキルティングやアップリケに。持ち手付きのものが便利。

＊このほかに型紙用の厚紙、しつけ糸など必要に応じて用意しましょう。

針（実物大）

用途別に専用の針があるので、使い分けましょう。

① キルティング針

② アップリケ針（アップリケとパッチワーク兼用）

③ 刺しゅう針

④ しつけ針

縫い始める前の準備

● 型紙を作る

　作り方ページや前ページの製図を参考にしてパッチワークのための型紙を作ります。正確な型紙を作ることはとても大切なことですので、正確に写すようにしましょう。自分で製図をする時は、方眼紙を使用すると直角や寸法が正確にとれます。

● 型紙を写す

　布の裏側から写します（左右のあるものは反転しないように注意）。印つけペンや先のとがった鉛筆で型紙をなぞり、縫い線を写します。布を裁つ際には縫い代を0.7cmほどつけましょう。

実物大型紙または製図の下に厚紙を置き、目打ちなどの先のとがったもので交点に印をつけます。印を結んで線を引いたら、紙切りはさみで正確にカットします。

縫い線　（裏）　0.7 縫い代

パッチワークをする

布と布をつなぎ合わせることをパッチワーク、またはピースワークといいます。
つなぎ合わせる前の小さな布片をピースといい、ピースをつないでパターンにしたり、大きな布に仕上げていきます。

● ピースワーク（パッチワーク）をする

　基本の縫い方はぐし縫いです。縫い合わせる布を中側が表になるように合わせて（中表）、印と印を合わせて縫います。基本は縫い合わせる辺の端から端まで縫う＜縫い切り＞ですが、その後の工程によっては印から印まで縫う＜縫い止まり＞で縫う場合もあります。

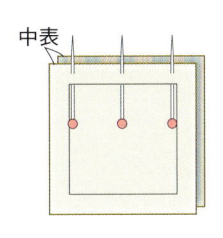

中表

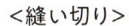

＜縫い切り＞

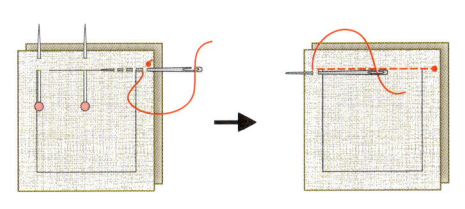

印の外側から針を刺し、一針返し針をしてからぐし縫いをします。

縫い終わりも返し針をして玉結びをします。

＜縫い止まり＞

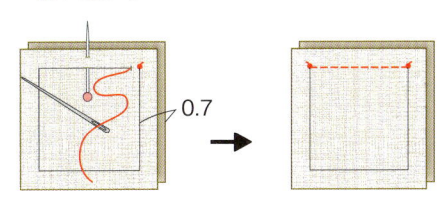

0.7

印の角に針を入れ、一針すくい返し針をします。

縫い終わりも印の角に針を入れ、一針返し針をします。

● きせをかける

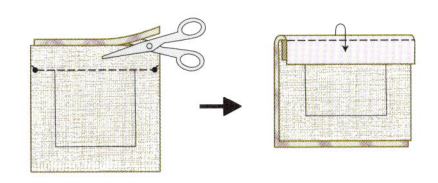

縫い終わったら、ふぞろいの縫い代を切り揃えます。

縫い代を0.1cmほど余分に折りきせをかけて縫い代を倒します。

● 縫い代の倒し方

　縫い代は基本的に2枚とも片側に倒す＜片倒し＞にします。どちら側に倒すかは特に決まりはありませんが、縫い代の厚みが出るので目立たせたい側のピースに倒す、または、縫い代がなるべく重ならないよう互い違いに倒すなどします。

● ブロック同士を縫い合わせる

　ピースワークは小さいピース同士から縫い合わせブロックにしていきますが、大きくなっていくほど縫い代の重なりなどが増えていくので、まち針をしっかり打つなどしてずれないよう注意しましょう。

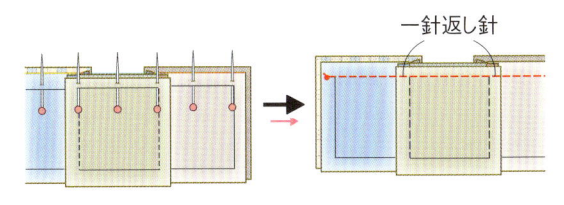

一針返し針

縫い目の角をきちんと合わせてまち針を多めに打ちます。

交点は印の角まで縫い、一針返し針をして縫い進みます。

キルティングをする

すべてのパッチワークが終わったら、キルティングをして仕上げます。

● キルティングラインを描く

　パッチワークをした表側の布を表布（キルトトップ）と呼びます。表布ができたらアイロンをかけて縫い代を整えてから、表側にキルティングラインを描きます。直線の場合は定規を使って、絵柄がある場合は型紙を作り写すようにしましょう。

● 3層に重ねてしつけをかける

　裏布、キルト綿、表布の順に布を重ねてしつけをかけます。1枚ずつピンでとめてずれないように注意しましょう。

＜しつけのかけ方＞

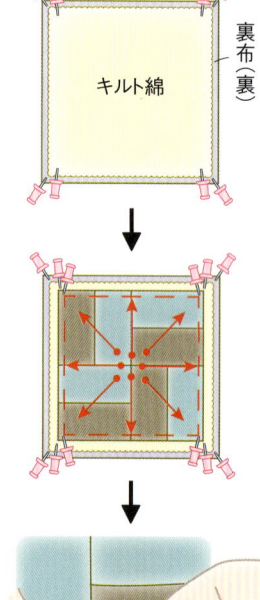

表布より3〜5cm四方ほど大きめの裏布とキルト綿を用意し、しわにならないよう四隅をプッシュピンで固定します（板の上に置くとよい）。裏布、キルト綿の順に重ねます。

中央に表布をのせ、四方に空気を逃すように手でなじませながらしわを伸ばし、中心から外側に向かって放射状にしつけをかけます。最後にまわりを一周します。

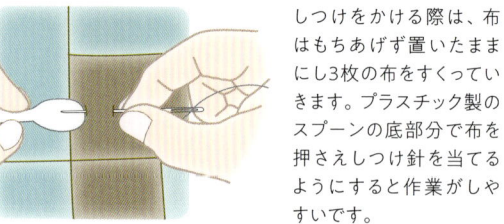

しつけをかける際は、布はもちあげず置いたままにし3枚の布をすくっていきます。プラスチック製のスプーンの底部分で布を押さえしつけ針を当てるようにすると作業がしやすいです。

● シンブルをする

　キルティングをする際に指の保護のためにシンブルをはめるのをおすすめします。

　右利きの人は右手で縫う際、親指と人差し指で針を支え、中指で針を押しながら縫い進めていきますので、中指を保護するために金属製のシンブルをはめ、その上に革のシンブルをはめます。革のシンブルに穴が開いても、金属製のメタルシンブルが指を保護してくれます。短いキルト針をしっかりとつかむために、人差し指にはラバー製のシンブルをはめます。

　左手は針を受ける側の手。針を受けて押し返す人差し指には、陶器製のシンブルをはめます。陶器製のシンブルがすべらないように、中にはラバー製のシンブルをはめるのがおすすめです。

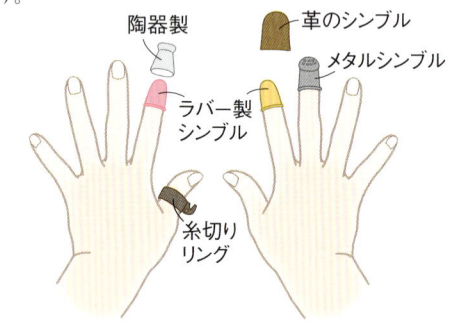

● キルティングの仕方

　針を垂直に入れ、支えている左手人差し指のシンブルで布を持ち上げ、針をシンブルに当てます。針を平行に傾け、一針すくいます。くり返し3〜4目救って針を抜きます。

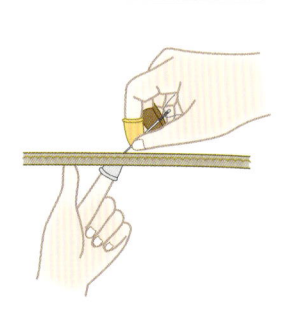

＜縫いはじめと縫い終わり＞

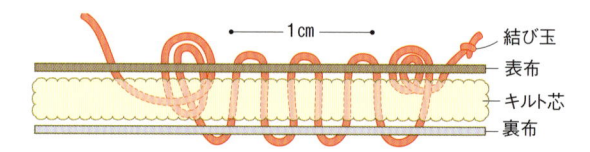

縫いはじめる位置に2cmくらい離れたところから針を出し、引っ張って結び玉をキルト綿の中にくぐらせる際でカットします。縫い終わりは二針返し縫いをし、縫いはじめと同様に離れた位置に糸を出し、引っ張り気味に糸を切って糸端をキルト綿の中におさめます。

縁の始末

　タペストリーなどに仕上げる場合は、最後に縁の始末をします。バイアスに裁った布で縫い代をくるむこの作業はバインディングといいます。

　1本のバイアス布は直角二等辺三角形の対角線の長さで、一辺の約1.4倍になります。幅100mの布からは140cm、幅50cmからは70cmというように、対角線の長さが計算できます。何cmのバイアス布が必要か、使用する布の幅から何本とれるのか、計算してはじめましょう。

　縫い代0.7cmのバインディングをする場合は幅3.5cmのバイアス布を使用します。

● バインディングの仕方

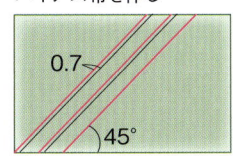

バイアス布を作る

0.7
45°

①バイアス布を作る

布を45度の角度に折り、折り線を基準に3.5cm幅に線を引きます。さらに0.7cmの縫い線も引いておきましょう。

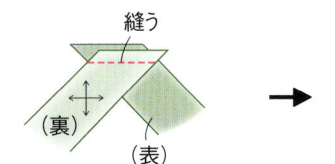

縫う
（裏）
（表）

②布をカットし、つなぐ

布をカットし、必要な長さに縫いつなぎます。つなぐ際は布端は斜めのまま2枚を中表に合わせ、端から0.7cmの縫い線を合わせます。

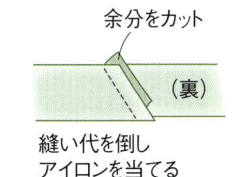

余分をカット
（裏）
縫い代を倒し
アイロンを当てる

③余分な縫い代をカットする

はみ出した余分な縫い代をカットし、アイロンで縫い代を押さえて倒します。

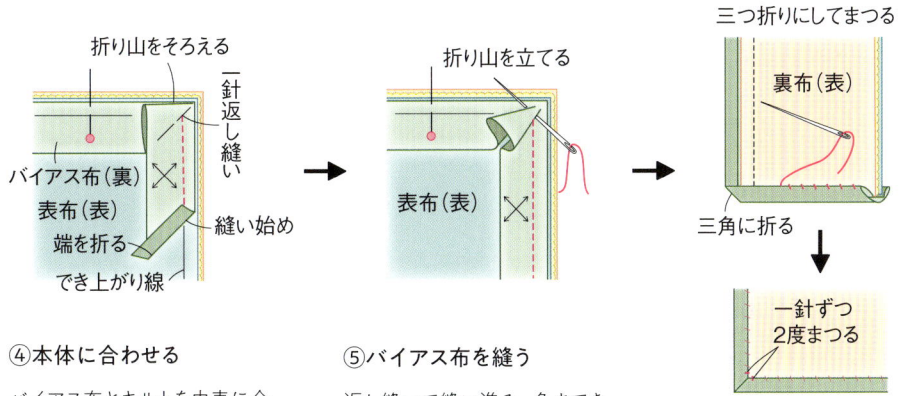

折り山をそろえる
一針返し縫い
バイアス布（裏）
表布（表）
縫い始め
端を折る
でき上がり線

折り山を立てる
表布（表）

三つ折りにしてまつる
裏布（表）
三角に折る

一針ずつ
2度まつる

④本体に合わせる

バイアス布とキルトを中表に合わせ、バイアス布の縫い線とでき上がり線を合わせてまち針で止めます。縫い始めは1cmほど端を折り、角は直角にたたんで折り山をそろえます。

⑤バイアス布を縫う

返し縫いで縫い進み、角までたら一針返し縫いをし折り山をたてて針を次の角に出し縫い進みます。

⑥裏布側にまつる

ぐるりと一周縫えたら、バイアス布を三つ折りにして裏布側に倒し、まつりぬいをします。

ステッチの刺し方

● アウトラインステッチ
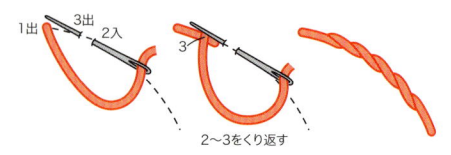

● サテンステッチ
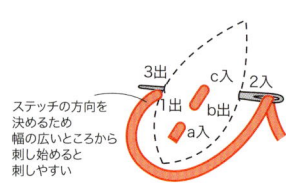

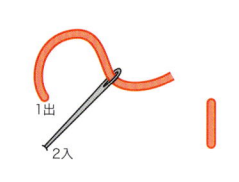

● ストレートステッチ

● チェーンステッチ
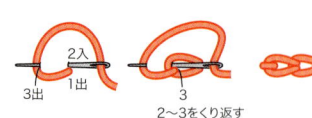

● フレンチノットステッチ
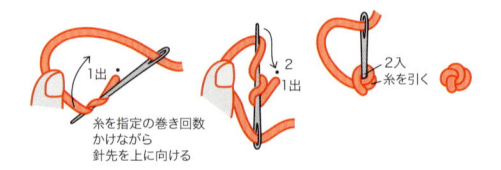

パッチワークキルトの用語集

あ

合い印　2枚以上の布や型紙を合わせる際、ずれないようにつけておく印。カーブのあるパターンを縫う際などに必要です。

当て布　キルティングをする際に、表布を重ねたキルト綿の下に当てる布。裏布と同じ役目ですが、キルティング後に中袋や裏布をつけて仕立てるバッグなどは表から見えなくなるため、こう呼ばれています。

いせ込み　平面の布を立体的に形づくるための技法。縫い代をぐし縫いして縫い縮めて形を作ります。

裏布　キルトの裏側に使う布。

落としキルト　アップリケやピースの縫い目の際に入れるキルティングのこと。

表布　ピースワークやアップリケなどの技法で作られた、作品の表になる布。

か

返し縫い　一針進めて一目戻る縫い方。

きせをかける　縫い代を倒す際、縫い目より余分に折ること。

キルティング　表布、キルト綿、裏布の三層を重ねてしつけをかけ、一緒に刺し縫いすること。

キルト綿　表布と裏布の間に入れる芯のこと。

ぐし縫い　運針（ランニングステッチ）とも呼ばれる基本的な縫い方。

口布　袋やポケットなどの口部分に使う布。

コの字とじ　返し口を閉じる際などに使う縫い方。生地に対して針を垂直にして縫い進める。

さ

しつけ　本縫いの前にゆがみやズレが生じないように、仮に粗く縫い合わせておくこと。

接着キルト綿

接着キルト綿　アイロンで直接布にはることのできるキルト綿。片面接着、両面接着がある。

接着芯　不織布などで作られた、アイロンで直接布に貼ることができる芯。バッグの底やまちに使って形を安定させます。

た

裁ち切り　縫い代をつけずに表示された寸法通りに布を裁つこと。

タブ　ポーチやバッグなどにつける、つまみひものこと。

玉結び・玉止め　縫い始めは玉結び、縫い終わりは玉止めといい、糸端に結び玉を作り、糸を留める方法。

な

中表　2枚の布を縫い合わせる際に、表同士が内側になるように合わせること。

縫い切り　ピースを縫う際、縫い線の端から端までを縫う方法。

縫い代　布を縫い合わせる際に必要な布幅のこと。

縫い止まり　ピースを縫う際、縫い線の印から印までを縫う方法。

は

バインディング　縁の始末の方法で、周囲をバイアス布や横地の布でくるんで始末する方法。

パターン　キルトトップを構成する図案のこと。

ピース　「一片、一枚」の意味で、カットした布の最小単位のこと。

ピースワーク　ピース同士を縫い合わせること。

ま

巻きかがり　布端をらせん状に巻くようにかかる縫い方のこと。

まち　バッグに厚みを持たせるように縫われた部分のこと。

見返し　布端の始末や補強のために用いられる布。

作品の作り方

- 図の中の寸法の単位はすべてcmです。
- 作り方図や型紙には縫い代が含まれていません。裁ち切り（＝縫い代込みまたは必要なし）などの指定がない場合、周囲に縫い代をつけて布を裁ってください。
  縫い代の目安としては、ピースワークは0.7cm、アップリケは0.3cmです。
- 作品のでき上がり寸法は製図上のサイズで表示しています。縫い方やキルティングによって寸法が変わる場合があります。
- キルティング後はでき上がりサイズよりも多くの場合、多少の縮みがあります。キルティングが終わったら再度寸法を確認して次の作業にかかるとよいでしょう。
- 仕立てや一部のキルティングにミシンを使っていますが、手縫いで作ることもできます。

A 作品▷6ページ

■**材料（大）**
パッチワーク用布…スクラップ布を使用、裏布・キルト綿各20×35cm、12cm（小10cm）丈ファスナー1本、幅2.5cmリボン5cm、ビーズ2個、細コード10cm

■**作り方**
①パッチワークをして本体表布を2枚作る。
②裏布とキルト綿を重ね表布と中表に合わせて、返し口を残してタブをはさんで周囲を縫う。表に返してキルティングする。
③底を同様に作る。
④本体と底を図のように配置して巻きかがる。
⑤ファスナーつけ位置の両端を縫い、ファスナーを縫い止める。
⑥残りの辺を順番に縫い合わせて形にする。

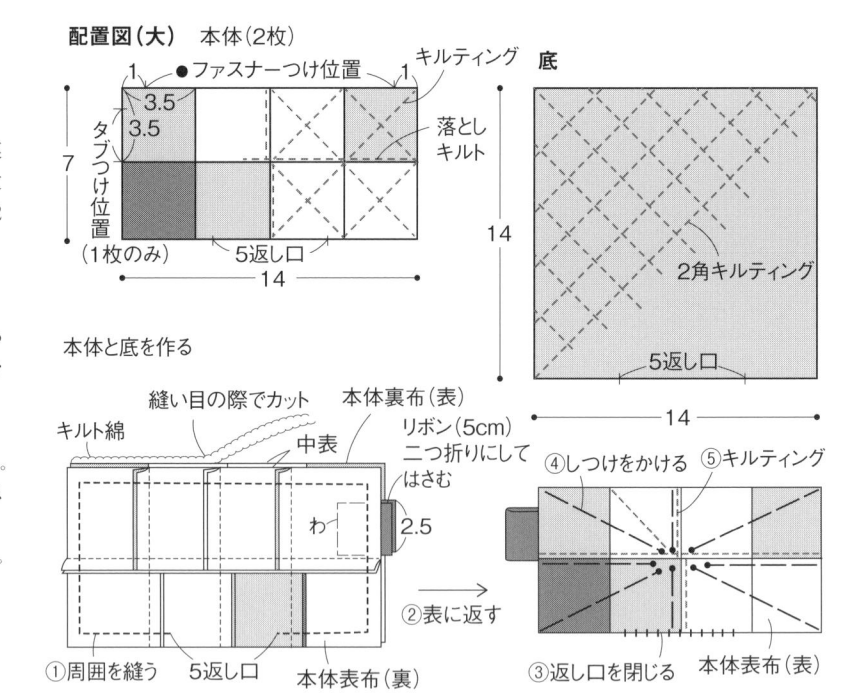

本体と底を作る

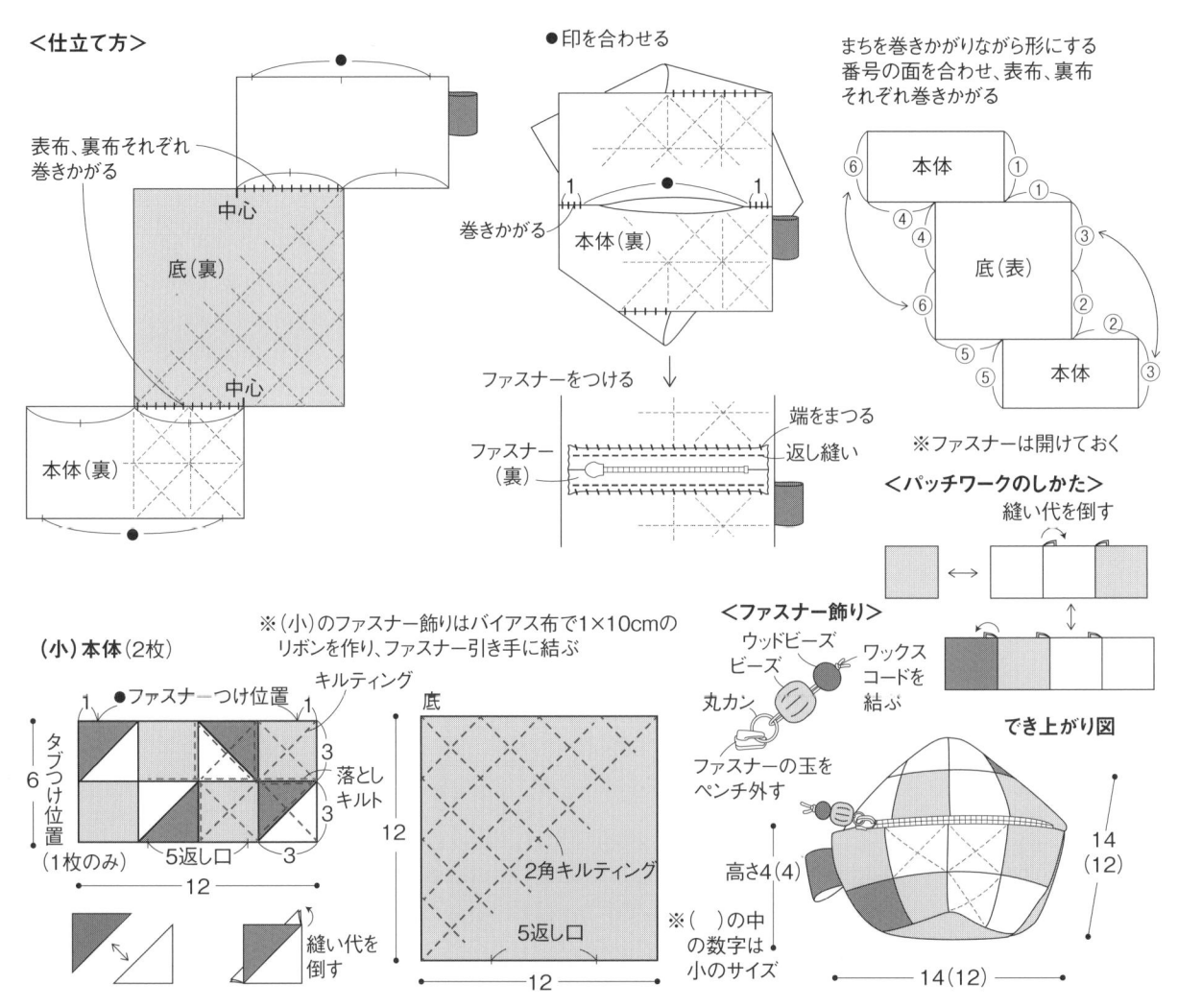

42

B

作品▷7ページ
実物大型紙▷45ページ

■材料

パッチワーク用布…スクラップ布を使用(底を含む)、裏布45×35cm、キルト綿25×25cm、接着キルト綿12×17cm、厚地接着芯15×10cm、縫い代始末用バイアス布適宜

■作り方

①パッチワークをして本体、持ち手の表布を作る。

②①に裏布とキルト綿を重ねてキルティングする。持ち手は上下を縫い、表に返してからキルティングする。

③本体2枚を中表に合わせて両脇を縫い、輪にする。縫い代は裏布を利用して始末する。

④底を作る。表布と接着キルト綿に接着芯を貼った裏布と合わせミシンキルト。

⑤本体と底を中表に縫い、縫い代を始末する。

⑥本体に持ち手を仮止めし、本体口をバイアス布で始末する。

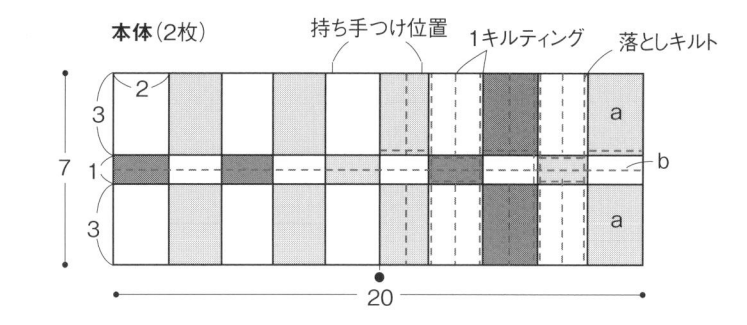

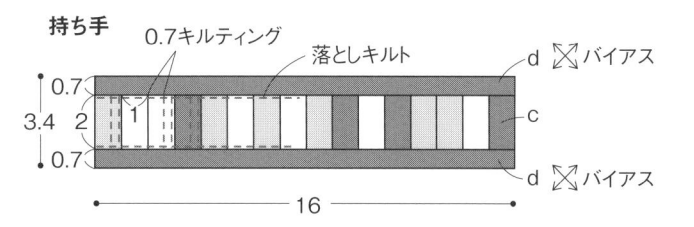

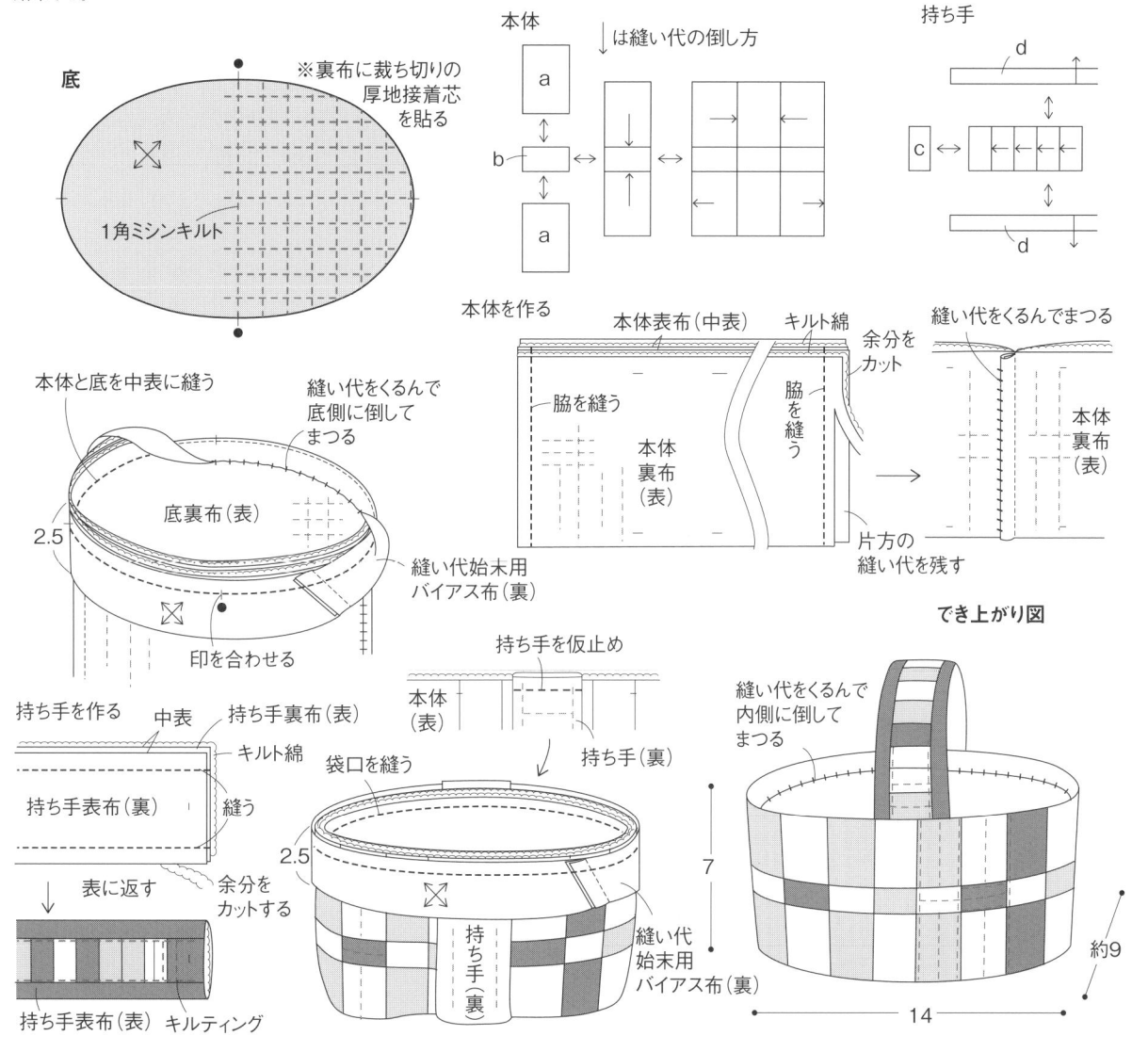

作品▷8ページ

■材料

パッチワーク・アップリケ用布…スクラップ布を使用（土台布・後側・まちを含む）、裏布・接着キルト綿各75×20cm、20cm丈ファスナー1本、接着芯・縫い代始末用バイアス布適宜

■作り方

①パッチワークをしてバスケットを作り、土台布にアップリケをして前側を作る。

②前側、後側、下まち表布に接着キルト綿と裏布を重ねてキルティングする。

③上まちにファスナーをはさんで縫う。余分なファスナーはカットする。

④上・下まちを中表に縫い合わせて輪にして、縫い代を始末する。

⑤前側、後側とまちを中表に縫い合わせて縫い代をバイアス布で始末する。

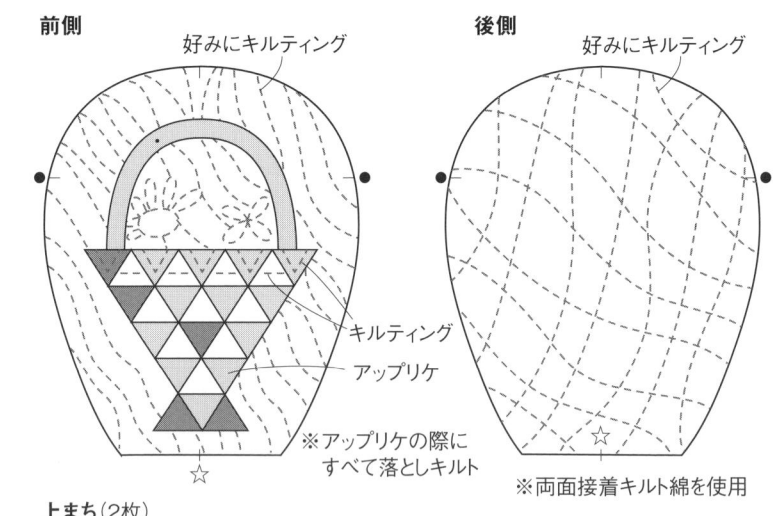

前側　好みにキルティング　後側　好みにキルティング

キルティング
アップリケ

※アップリケの際にすべて落としキルト

※両面接着キルト綿を使用

上まち(2枚)
1.5
18

※上下まち裏布に接着芯（裁ち切り）を貼る

下まち　0.7ミシンキルト
4
15.5
31

＜パッチワークのしかた＞

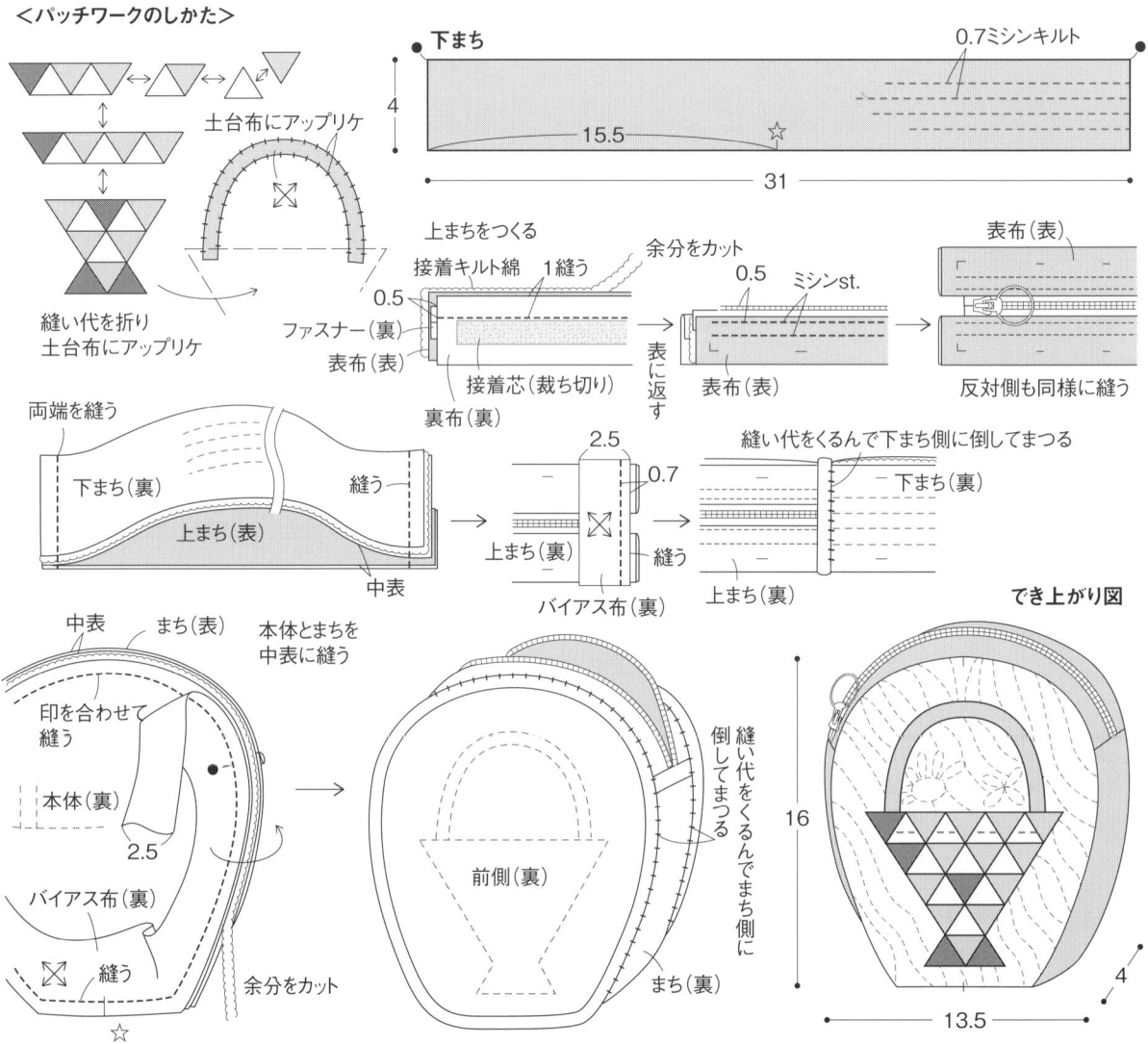

土台布にアップリケ

縫い代を折り
土台布にアップリケ

上まちをつくる
接着キルト綿　1縫う
0.5
ファスナー(裏)
表布(表)
接着芯(裁ち切り)
裏布(裏)

余分をカット
0.5　ミシンst.
表に返す
表布(表)

表布(表)
反対側も同様に縫う

両端を縫う
下まち(裏)　縫う
上まち(表)
中表

2.5
0.7
上まち(裏)
バイアス布(裏)
縫う

縫い代をくるんで下まち側に倒してまつる
下まち(裏)
上まち(裏)

中表　まち(表)
本体とまちを中表に縫う

印を合わせて縫う
本体(裏)
2.5
バイアス布(裏)
縫う
余分をカット

前側(裏)
まち(裏)

縫い代をくるんでまち側に倒してまつる

でき上がり図
16
13.5
4

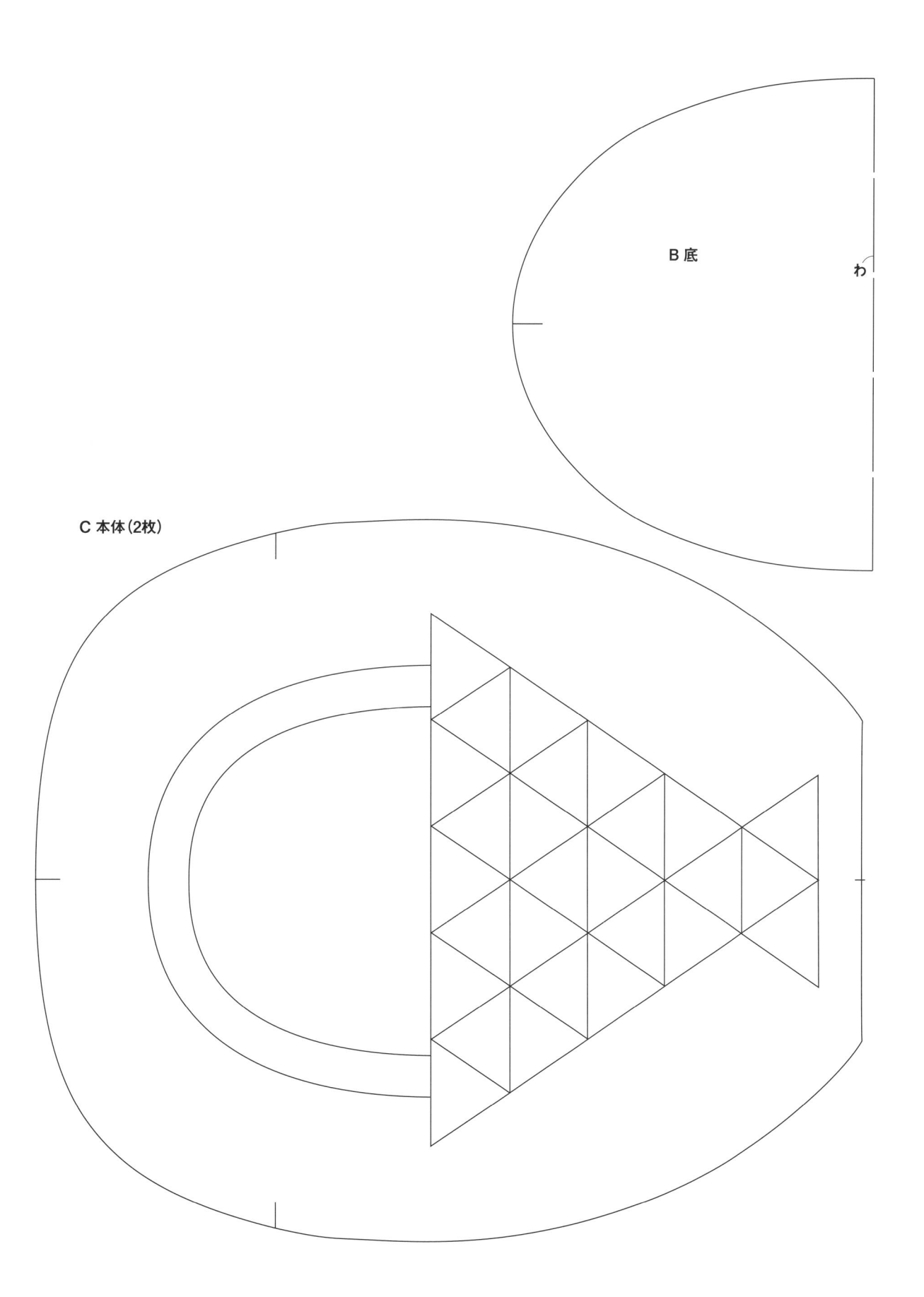

B 底

わ

C 本体（2枚）

 作品▷9ページ 作品▷15ページ

■材料（1点分）
パッチワーク用布…スクラップ布を使用、
後側・まち…三角・丸110×40cm・四角130
×45cm、当て布・キルト綿各40×40cm、
中袋…110×50cm、詰め綿適宜
■作り方
①パッチワークをして前側表布を作る。
②キルト綿と当て布を重ねてキルティング
する。
③後側入り口を三つ折りにして縫い、2
枚の入り口を重ねて仮止めする。
④まちを輪にして本体と中表に合わせて
縫う。
⑤後側とまちを同様に縫い、縫い代を始
末する。
⑥中袋に返し口を残して同様に縫い、綿
を詰め、返し口を閉じる。
⑦⑤に中袋を入れる。

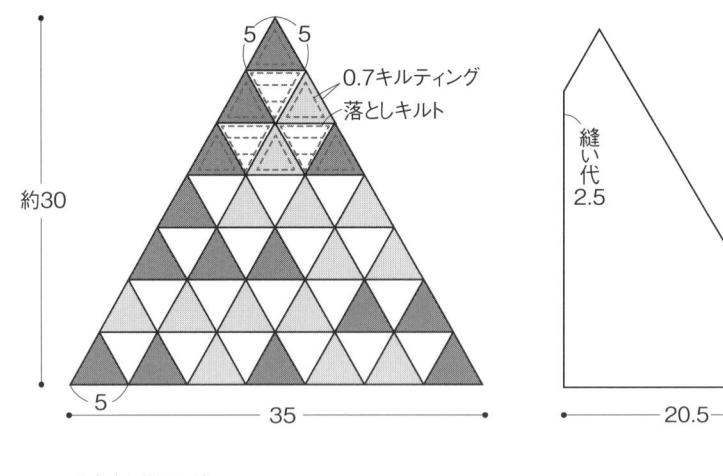

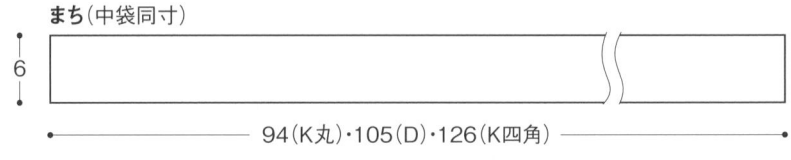

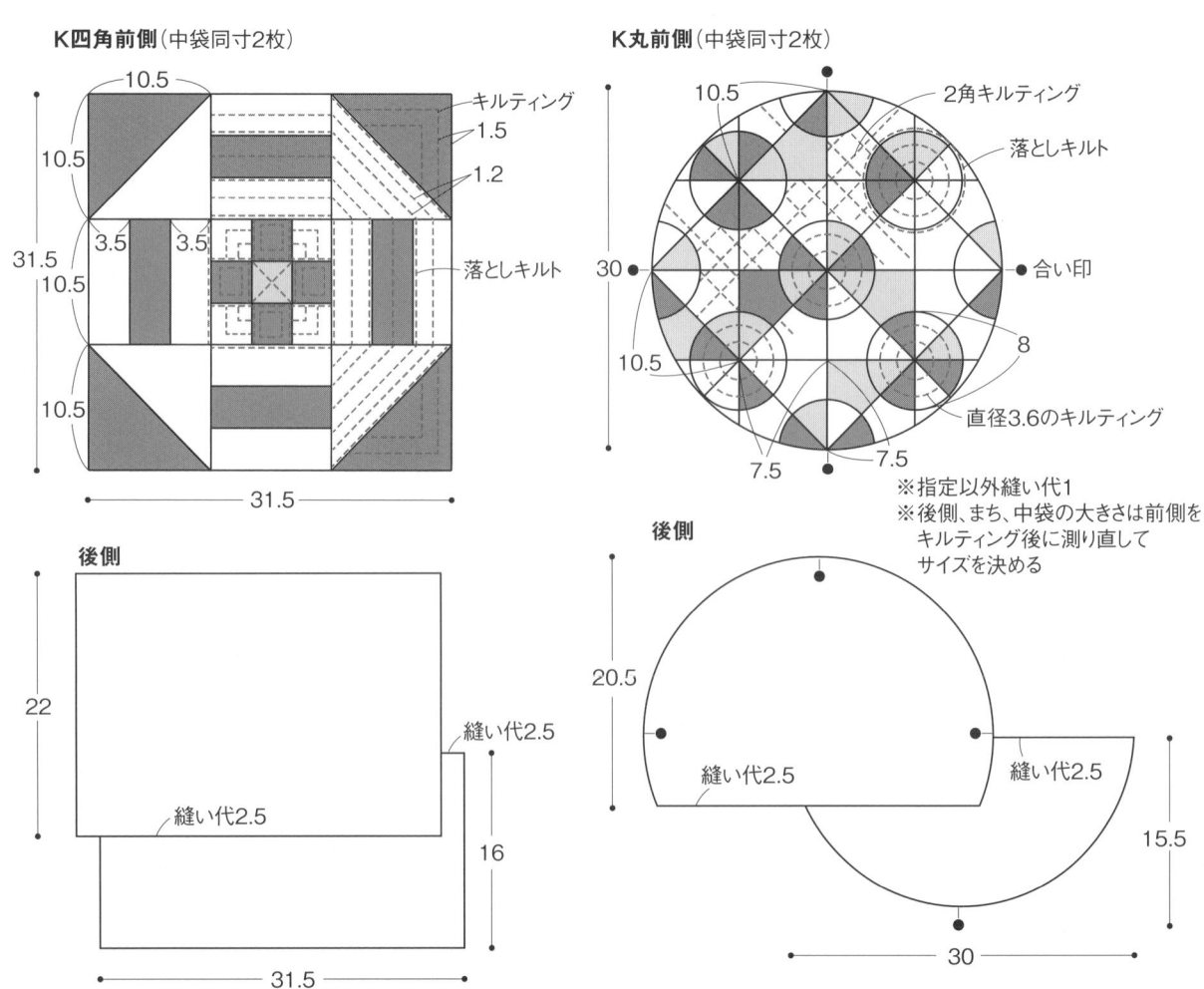

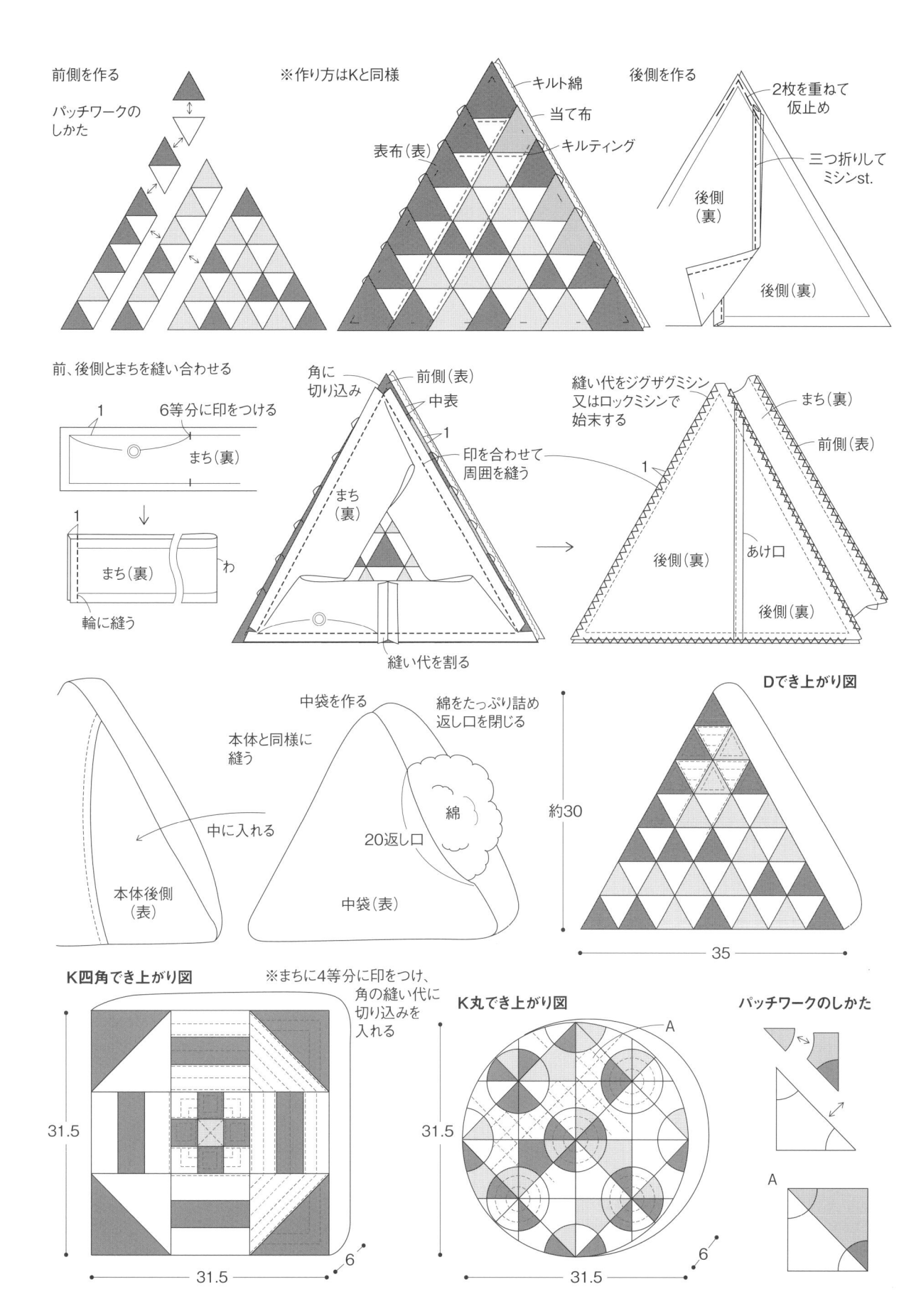

前側を作る

パッチワークのしかた

※作り方はKと同様

キルト綿
当て布
表布（表）
キルティング

後側を作る

2枚を重ねて仮止め
三つ折りしてミシンst.
後側（裏）
後側（裏）

前、後側とまちを縫い合わせる

6等分に印をつける

1

まち（裏）

1

まち（裏）
わ

輪に縫う

角に切り込み
前側（表）
中表
まち（裏）
1
まち（裏）
印を合わせて周囲を縫う
縫い代を割る

縫い代をジグザグミシン又はロックミシンで始末する

1
後側（裏）
まち（裏）
前側（表）
あけ口
後側（裏）

中袋を作る

本体と同様に縫う

中に入れる

本体後側（表）

綿をたっぷり詰め返し口を閉じる

綿

20返し口

中袋（表）

Dでき上がり図

約30

35

K四角でき上がり図

※まちに4等分に印をつけ、角の縫い代に切り込みを入れる

31.5

31.5

6

K丸でき上がり図

A

31.5

31.5

6

パッチワークのしかた

A

作品▷10ページ

E

■材料

パッチワーク用布…スクラップ布を使用（ファスナー端布を含む）、裏布・キルト綿各55×20cm、18cm丈ファスナー1本、幅1cmリボン8cm、接着芯適宜

■作り方

①パッチワークをして本体表布を作る。
②①に裏布とキルト綿を重ね、返し口を残して周囲を縫い、表に返してキルティングする。
③本体を測り直して、ファスナーの長さを決めて端布をつける。
④本体にファスナーを縫い止めて輪にする。
⑤中表に合わせて上下を縫い合わせる。

<パッチワークのしかた>

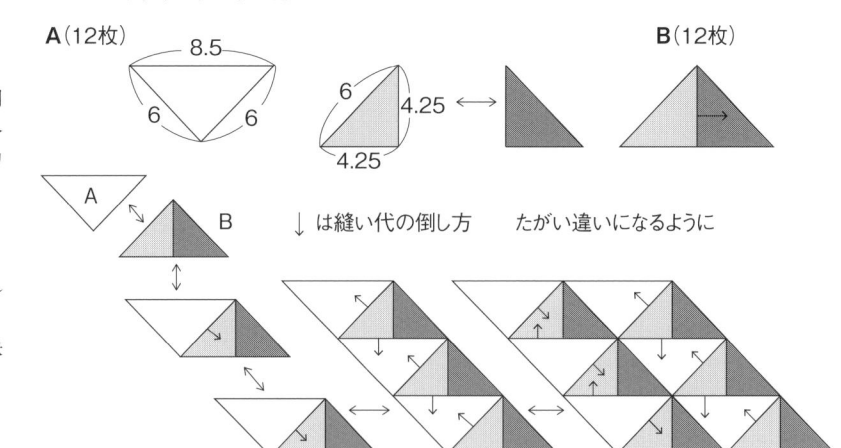

A（12枚）   B（12枚）

8.5
6 6
6 4.25
4.25
A B
↓は縫い代の倒し方   たがい違いになるように

ファスナー端布（2枚）

4.5
裁ち切り
←4.5→

2.5 縫う
接着芯を貼る
2.5 端布（裏）
ファスナー（表）

①③
②
順番に折る
ファスナー（裏）

三角に折り
まつる
18
ファスナー（裏）

※ファスナーの長さは本体をキルティング後のサイズに合わせる

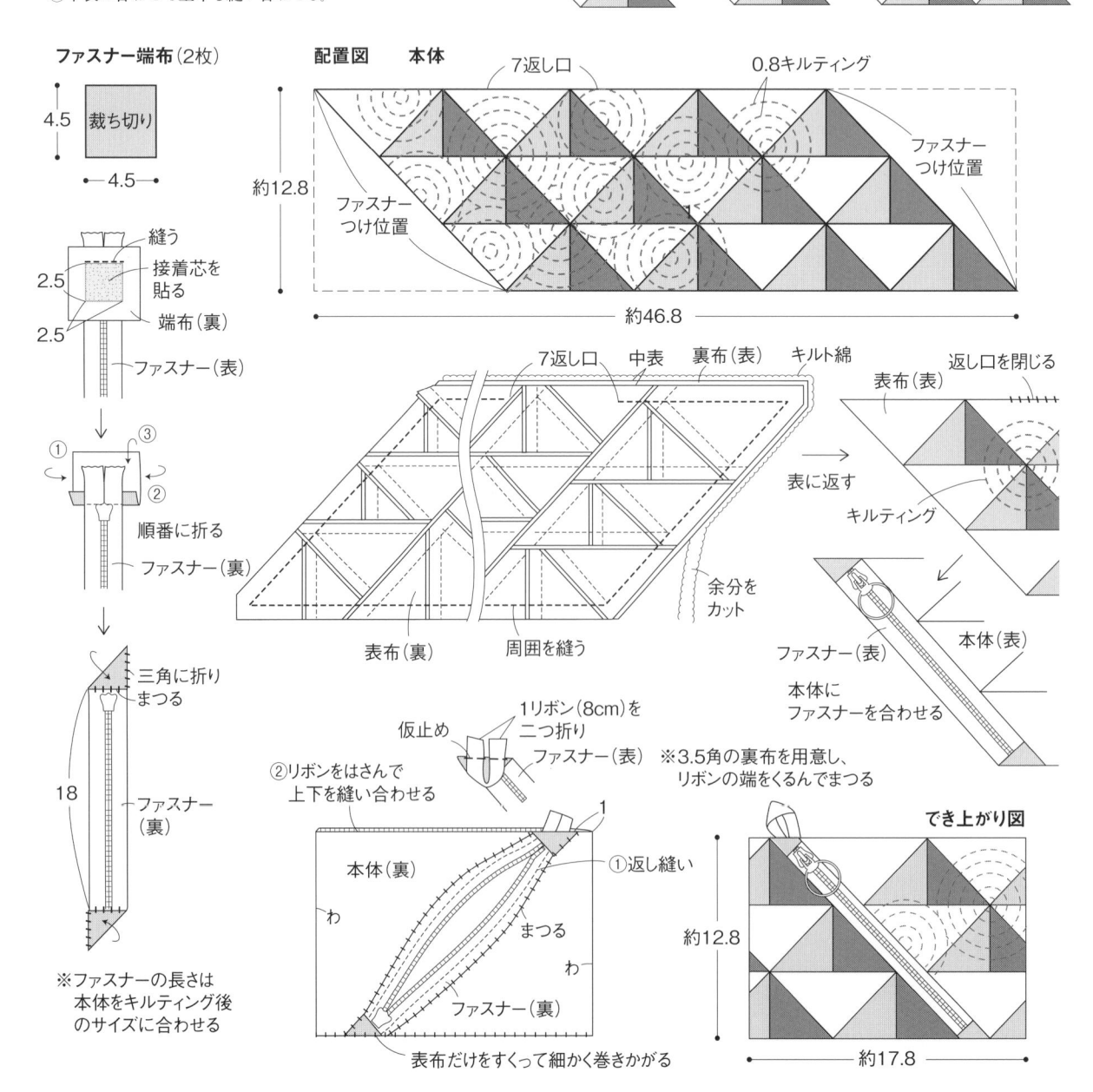

配置図   本体
7返し口   0.8キルティング
約12.8
ファスナーつけ位置
ファスナーつけ位置
約46.8
ファスナーつけ位置

7返し口 中表 裏布（表） キルト綿
表布（裏） 周囲を縫う 余分をカット

返し口を閉じる
表布（表）
表に返す
キルティング

ファスナー（表） 本体（表）
本体にファスナーを合わせる
※3.5角の裏布を用意し、リボンの端をくるんでまつる

仮止め
1リボン（8cm）を二つ折り
ファスナー（表）
②リボンをはさんで上下を縫い合わせる

本体（裏）
わ
①返し縫い
まつる
わ
ファスナー（裏）
表布だけをすくって細かく巻きかがる

でき上がり図
約12.8
約17.8

F 作品▷10ページ
実物大型紙▷53ページ

■**材料**
パッチワーク用布…スクラップ布を使用、後側・耳…格子柄30×30cm、裏布・キルト綿各30×20cm、幅1.5cmテープ4cm、幅1.4cmDカン1個、直径1.5cmワンタッチスナップボタン1組、25番刺しゅう糸茶適宜

■**作り方**
①パッチワークをして前側、刺しゅうをして後側表布を作る。
②①と耳表布に裏布とキルト綿を重ね、返し口を残して周囲を縫う。
③表に返して返し口を閉じ、キルティングする。
④前後側にスナップボタンをつけ、後側の裏にDカンタブをつける。
⑤前後側を中表に縫い合わせ、最後に耳をつける。

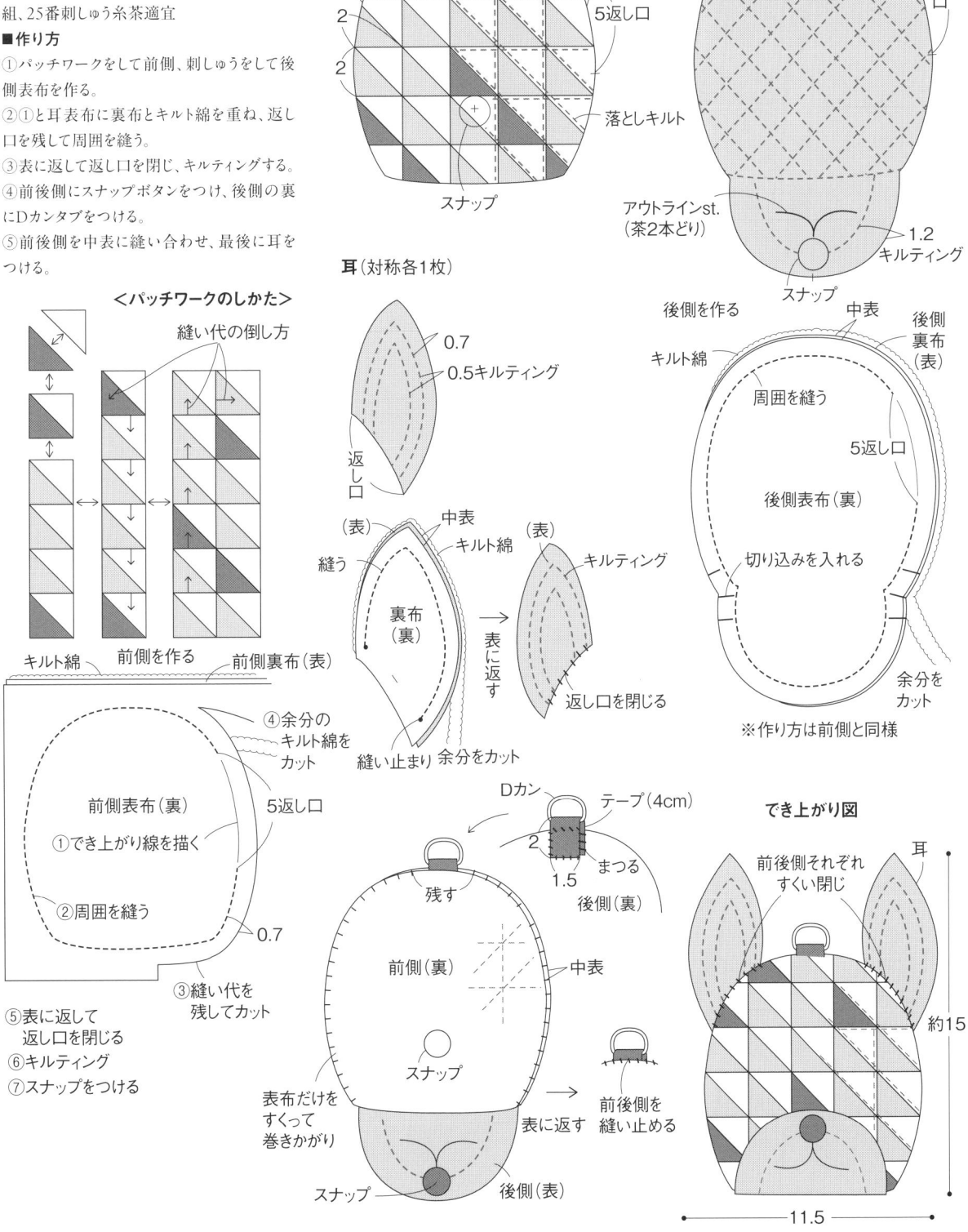

前側

耳つけ位置　耳つけ位置

2
2
2

5返し口

スナップ　　落としキルト

後側

1.5タブつけ位置
格子柄に合わせてキルティング
5返し口
アウトラインst.（茶2本どり）
1.2キルティング
スナップ

＜パッチワークのしかた＞

縫い代の倒し方

耳（対称各1枚）

0.7
0.5キルティング
返し口

（表）　中表　（表）
縫う　　キルト綿　　キルティング
裏布（裏）
表に返す
返し口を閉じる
縫い止まり　余分をカット

後側を作る　　中表
キルト綿　　後側裏布（表）
周囲を縫う
5返し口
後側表布（裏）
切り込みを入れる
余分をカット
※作り方は前側と同様

キルト綿　前側を作る　前側裏布（表）

④余分のキルト綿をカット
前側表布（裏）
①でき上がり線を描く
②周囲を縫う
5返し口
0.7
③縫い代を残してカット

⑤表に返して返し口を閉じる
⑥キルティング
⑦スナップをつける

Dカン　テープ（4cm）
2
1.5　まつる
後側（裏）

残す
前側（裏）　中表
スナップ
表布だけをすくって巻きかがり
表に返す
前後側を縫い止める
スナップ　後側（表）

でき上がり図

前後側それぞれすくい閉じ
耳
約15
11.5

■材料

パッチワーク用布…スクラップ布を使用(ひものストッパー布を含む)、口布…35×35cm、裏布・キルト綿各50×35cm、幅2.5cm持ち手テープ80cm、ひも70cm、接着芯・縫い代始末用バイアス布各適宜

■作り方

①パッチワークをして本体表布を2枚作る。

②①にキルト綿と裏布を重ねてキルティングする。でき上がり線を描いて縫い代を残してカット。

③2枚を中表に合わせて袋状に縫う。縫い代をバイアス布で始末する。

④口布2枚を中表に合わせて脇を縫う。片側にひも通し口を作る。

⑤本体に口布を縫い合わせる。

⑥ひもを通してストッパーを縫い止めて結ぶ。

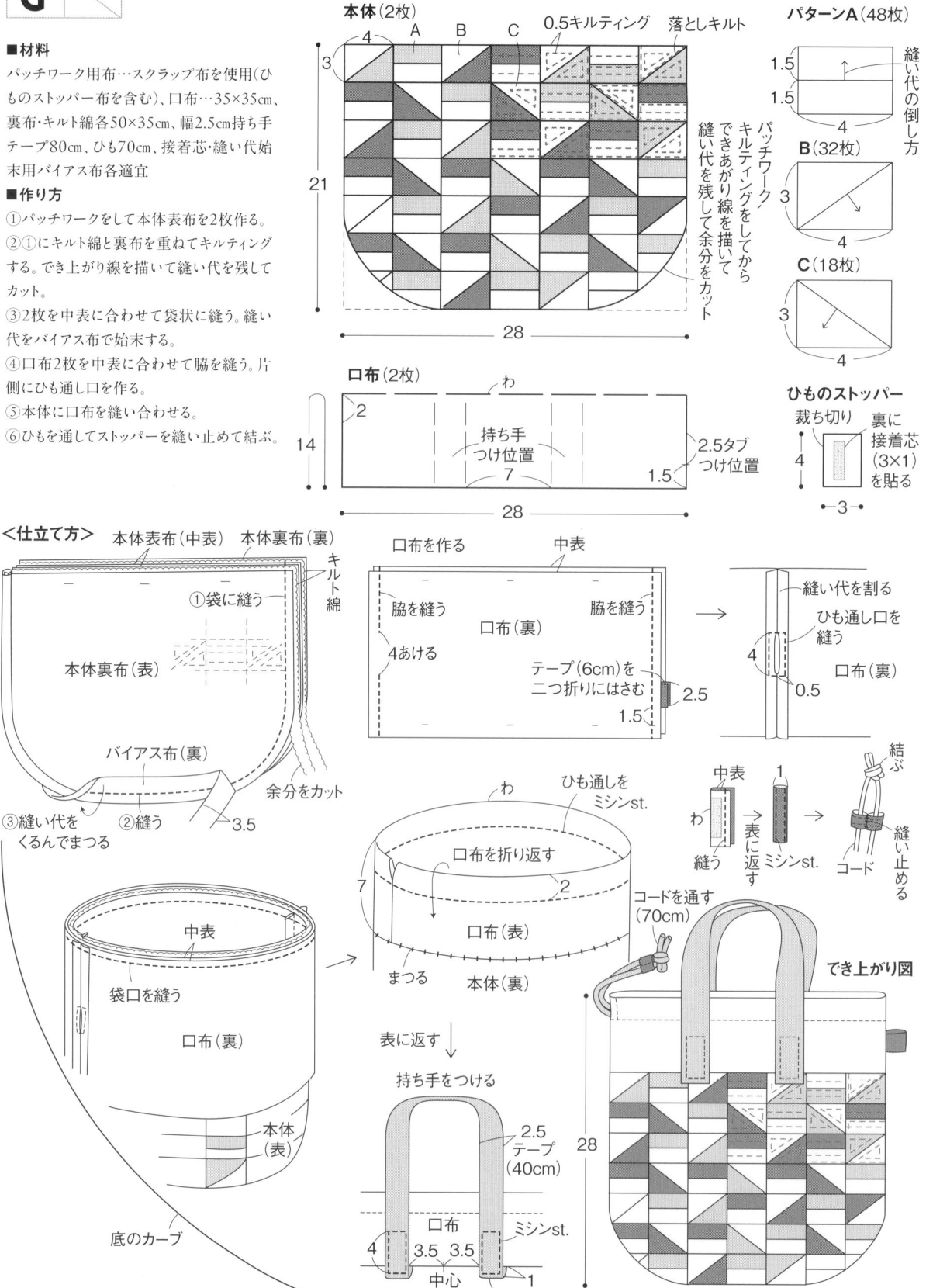

作品▷12ページ

H

■材料
パッチワーク用布…スクラップ布を使用、裏布・
キルト綿各25×25cm、20cm丈ファスナー1本
■作り方
①パッチワークをして表布を作る。
②斜めに置き換えて上下にでき上がり線を描き、
縫い代をつけてカットする。
③②に裏布を中表に合わせ、キルト綿を重ねて
返し口を残して周囲を縫う。
④表に返してキルティングする。
⑤同じ印を中表に縫う。
⑥ファスナーをつける。

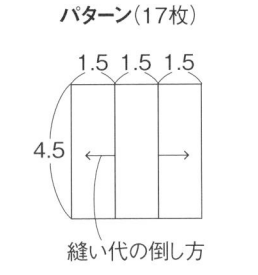

パターン（17枚）

1.5 1.5 1.5

4.5

縫い代の倒し方

＜パッチワークのしかた＞

●…印で縫い止まり

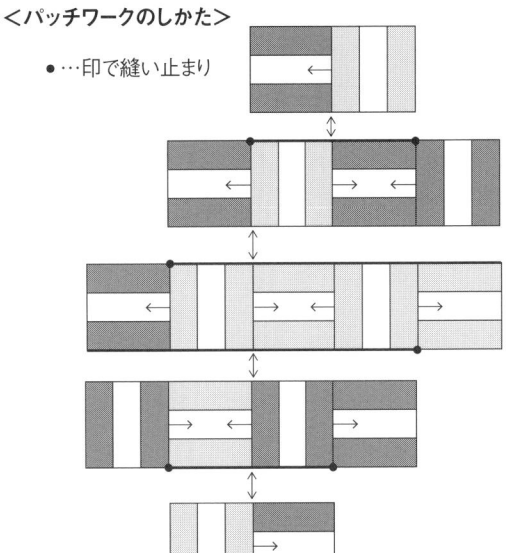

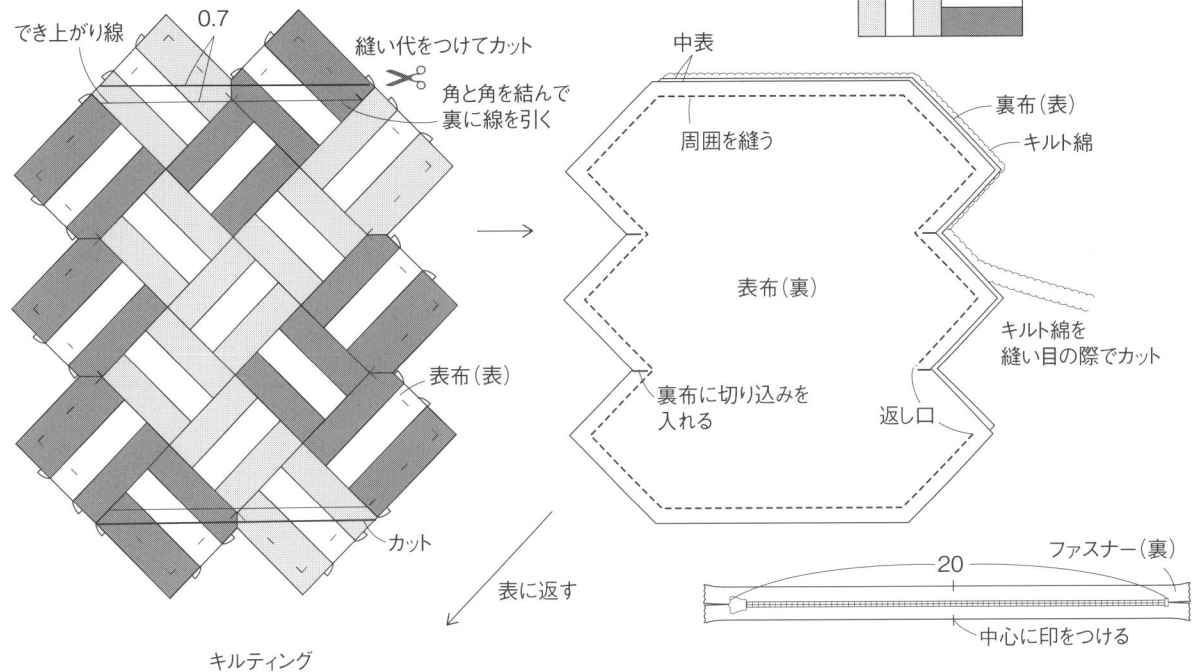

でき上がり線　0.7　縫い代をつけてカット

角と角を結んで
裏に線を引く

表布（表）

カット

中表

裏布（表）
キルト綿

周囲を縫う

表布（裏）

キルト綿を
縫い目の際でカット

裏布に切り込みを
入れる

返し口

表に返す

ファスナー（裏）
20

中心に印をつける

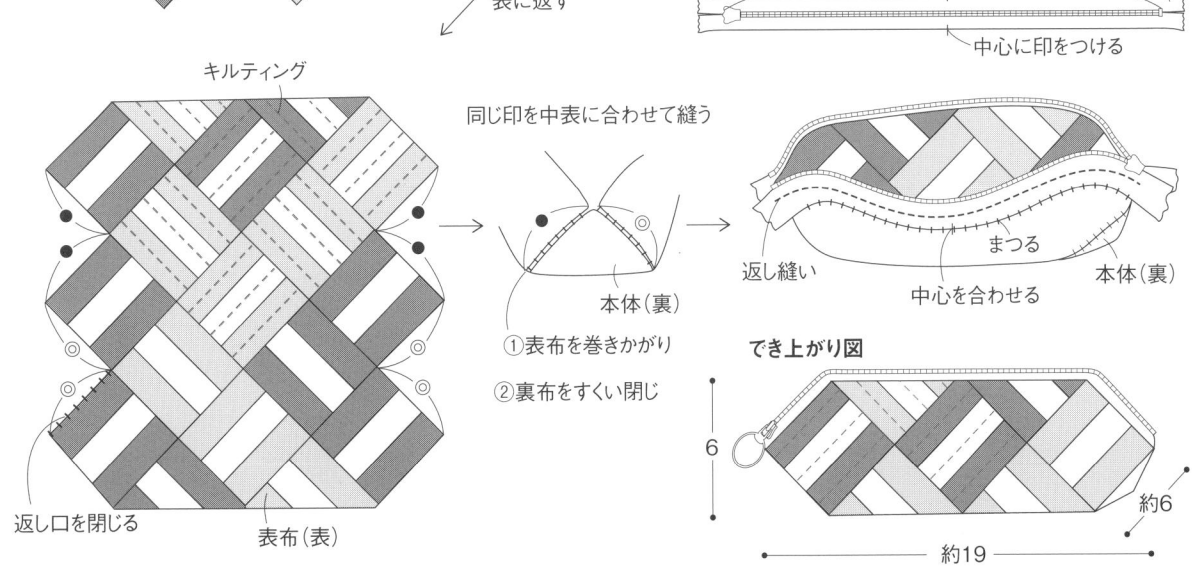

キルティング

返し口を閉じる

表布（表）

同じ印を中表に合わせて縫う

本体（裏）

①表布を巻きかがり
②裏布をすくい閉じ

返し縫い

中心を合わせる

まつる

本体（裏）

でき上がり図

6

約6

約19

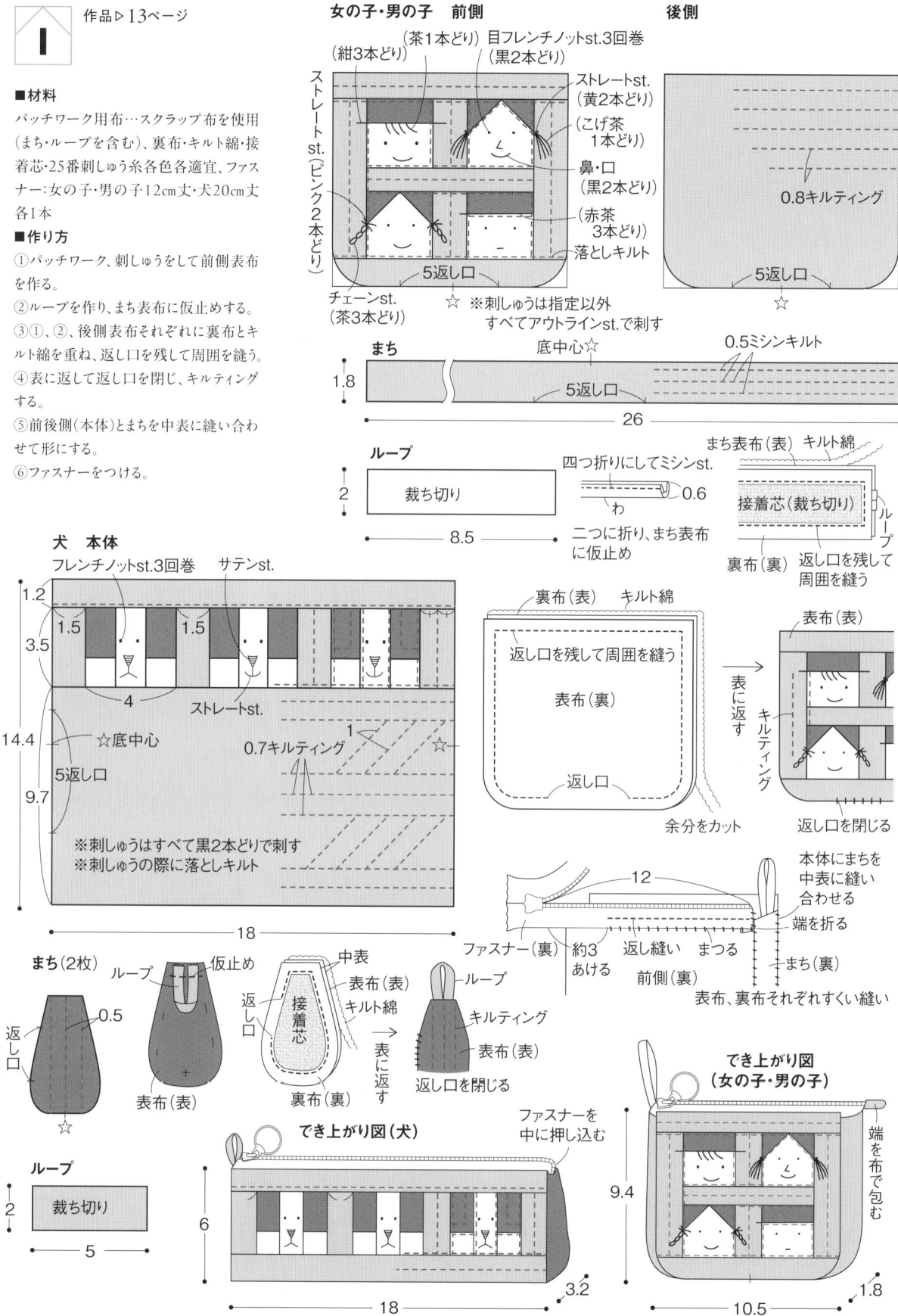

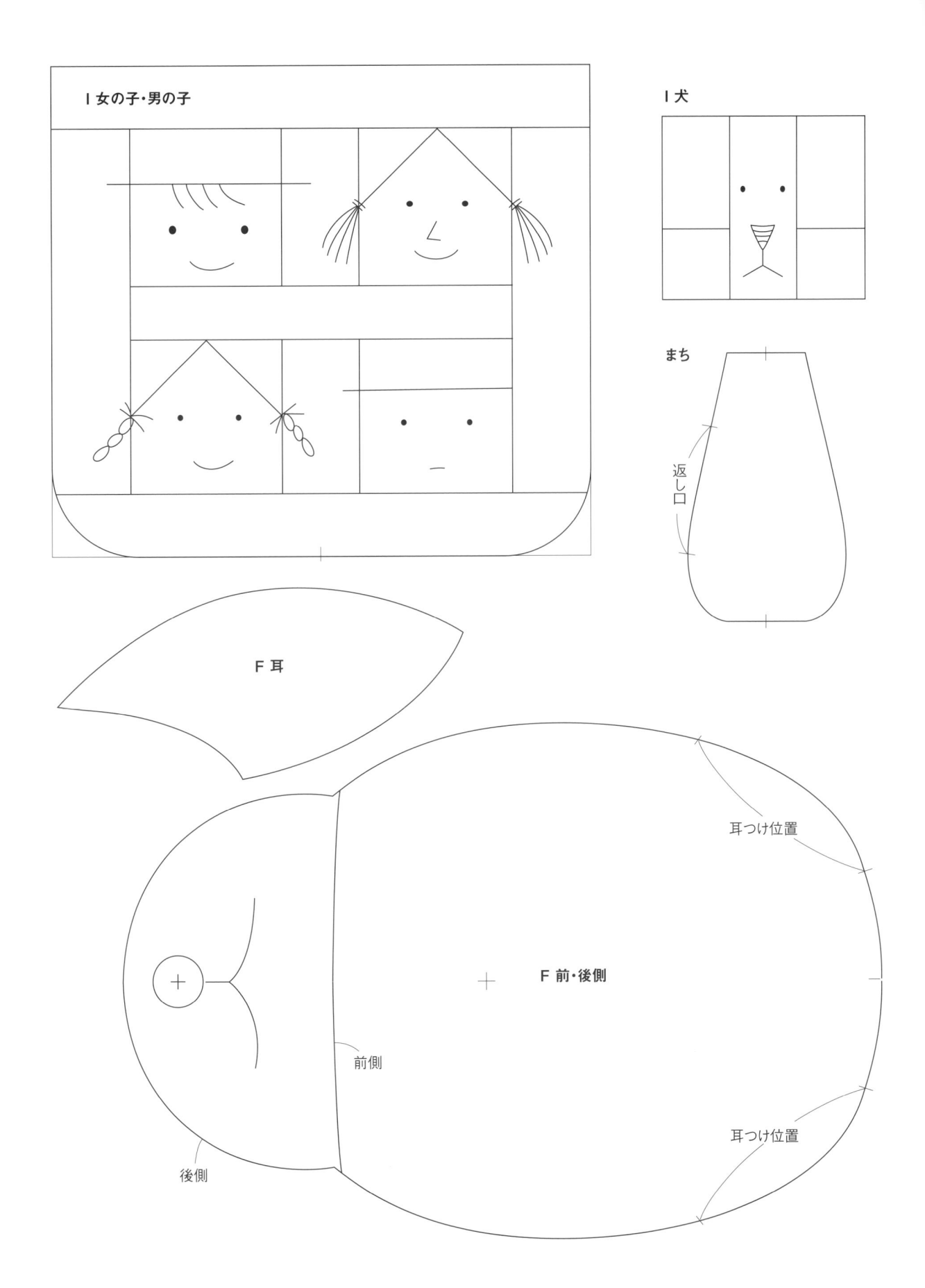

I 女の子・男の子

I 犬

まち

返し口

F 耳

F 前・後側

耳つけ位置

耳つけ位置

前側

後側

作品▷14ページ

■材料

パッチワーク用布…スクラップ布を使用、まち…40×20cm、裏布60×55cm、キルト綿55×40cm、接着キルト綿18×36cm、30cm丈ファスナー1本、バインディング（バイアス）…3.5×70cm、幅4cm持ち手テープ150cm、幅2cmテープ12cm、ナスカン付きショルダー1組、接着芯・縫い代始末用バイアス布各適宜

■作り方

① パッチワークをして本体表布を作る。
② ①とまち表布にキルト綿と裏布を重ねてキルティングする。
③ 本体上下をバインディングする。
④ 持ち手を輪に縫い、本体の模様に合わせて配置し、ミシンで縫いつける。
⑤ ファスナーをつけて本体を輪にする。両端にタブを仮止めする。
⑥ 本体とまちを中表に縫い合わせて縫い代をバイアス布で始末する。

＜パッチワークのしかた＞

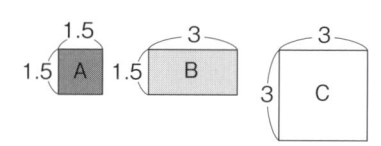

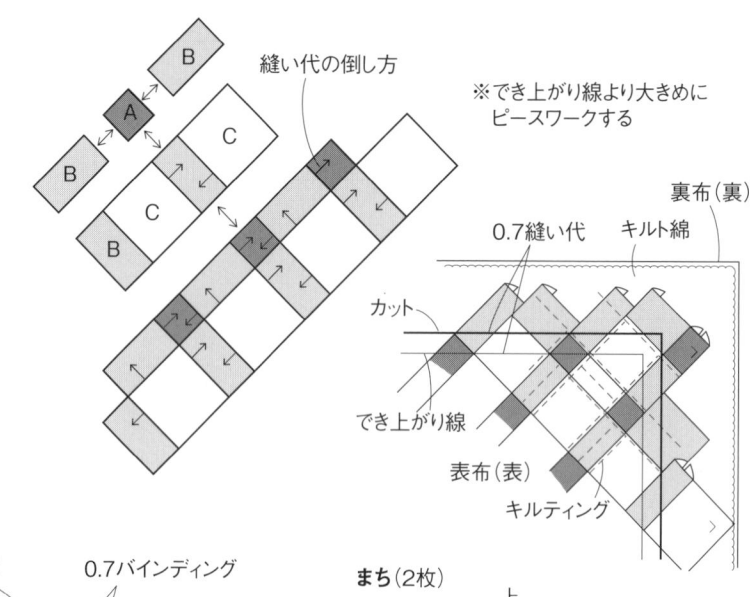

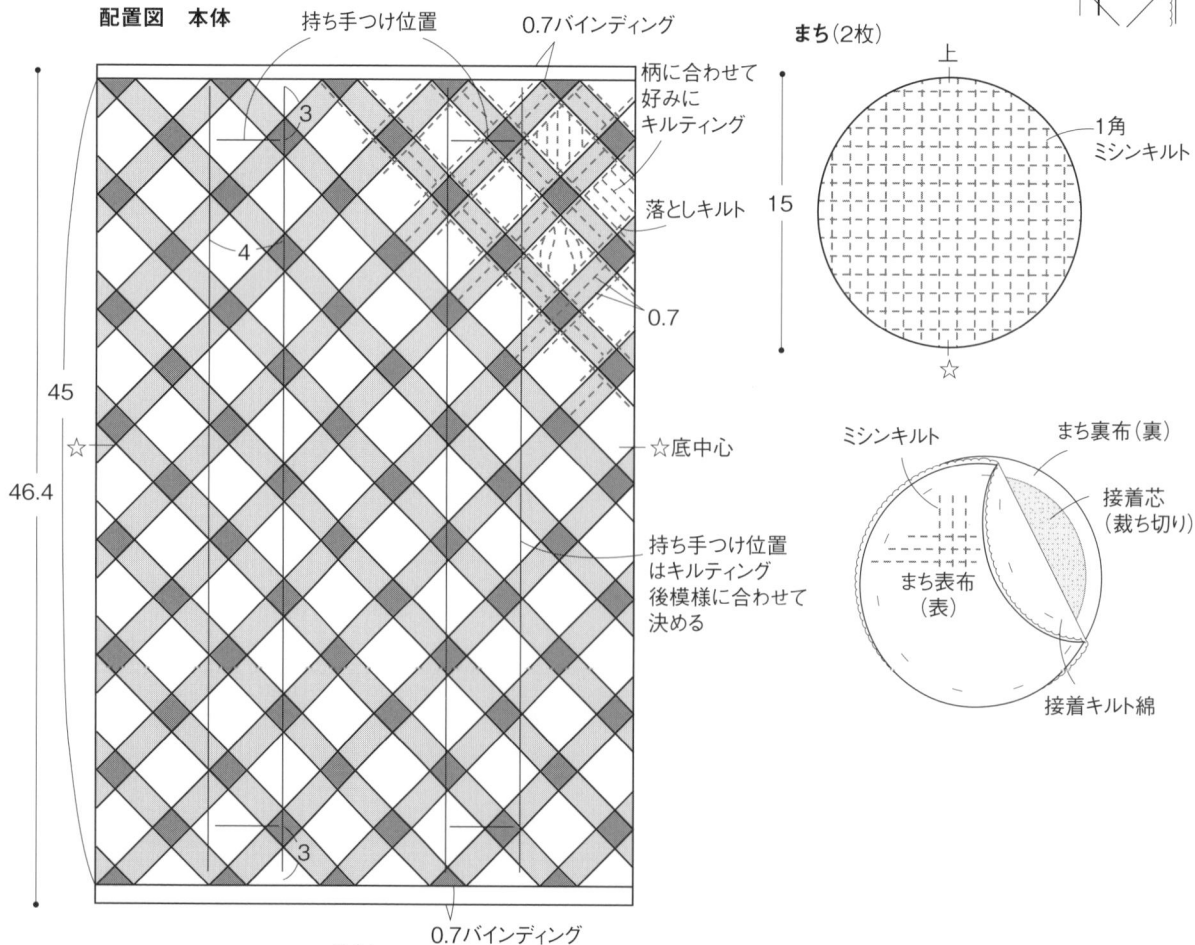

54

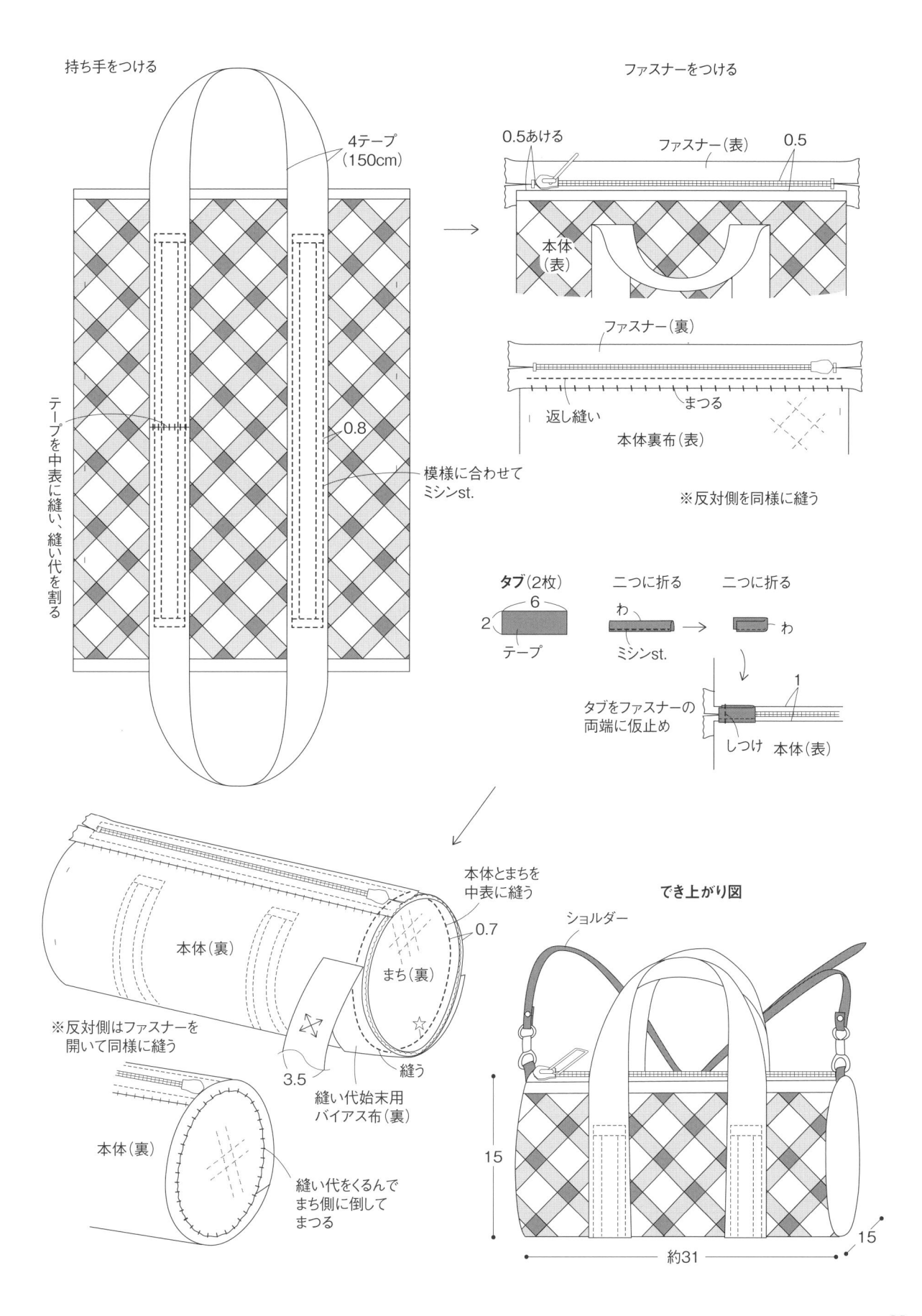

持ち手をつける

ファスナーをつける

4テープ
（150cm）

0.8

テープを中表に縫い、縫い代を割る

模様に合わせて
ミシンst.

0.5あける

ファスナー（表）　0.5

本体
（表）

ファスナー（裏）

返し縫い　　　　　まつる

本体裏布（表）

※反対側を同様に縫う

タブ（2枚）

6

2

テープ

二つに折る

わ

ミシンst.

二つに折る

わ

1

タブをファスナーの
両端に仮止め

しつけ　本体（表）

本体（裏）

※反対側はファスナーを
開いて同様に縫う

3.5

本体とまちを
中表に縫う

0.7

まち（裏）

縫う

縫い代始末用
バイアス布（裏）

本体（裏）

縫い代をくるんで
まち側に倒して
まつる

でき上がり図

ショルダー

15

15

約31

L

■材料

パッチワーク用布…スクラップ布を使用(タブを含む)、裏布50×40cm・キルト綿50×30cm、接着キルト綿20×10cm、20cm丈ファスナー1本、バインディング(バイアス)…3.5×130cm

■作り方

①パッチワークをして本体表布を作る。

②①とまち表布にキルト綿と裏布を重ねてキルティングする。まちには接着キルト綿を貼り、ミシンキルティング。

③まちの上をバインディングし、半分に折り、上をつまんで縫い止める。

④本体と片方のまちを外表に合わせて縫い、バインディングする。

⑤ファスナーの下側をカットして2本に分け、スライダーをはずす。本体裏側にファスナーを片側ずつ縫い、バインディングする。

⑥スライダーを差し込みタブを縫う。

⑦反対側のまちも同様に縫う。

実物大型紙

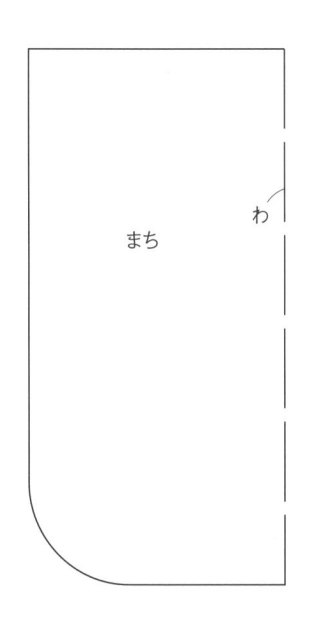

まち / わ

本体

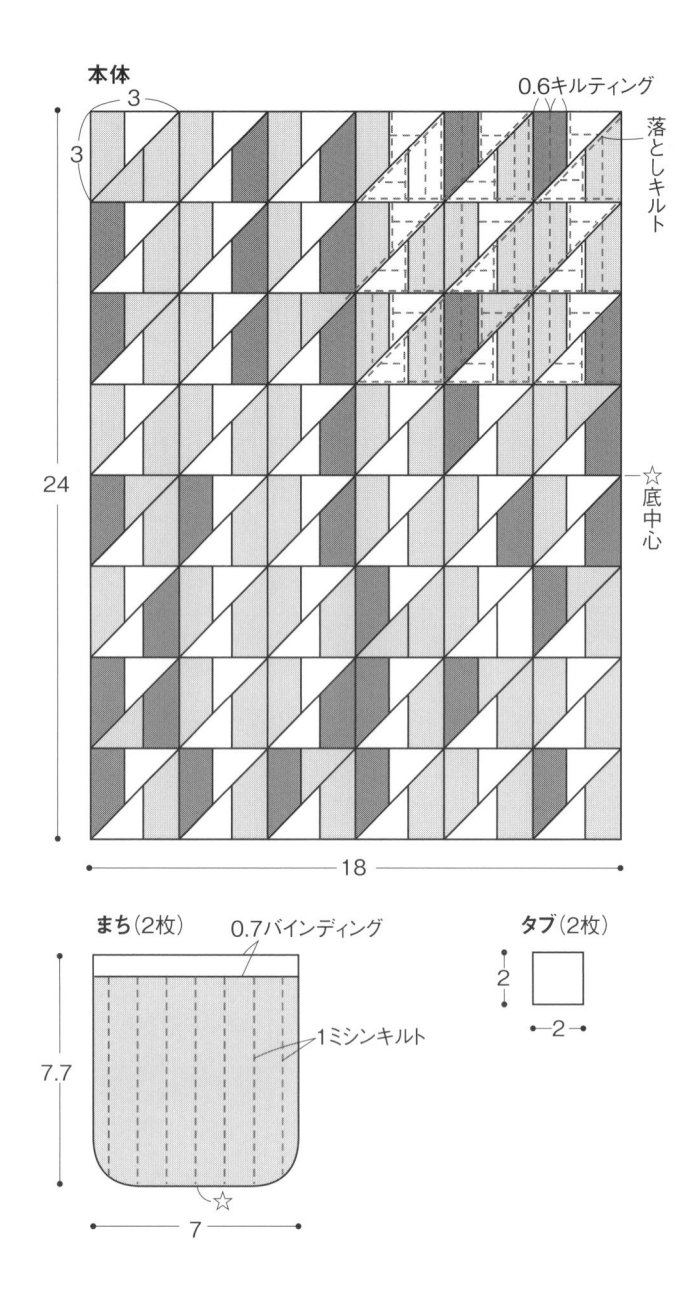

0.6キルティング
落としキルト
3
3
24
☆底中心
18

まち(2枚) 0.7バインディング
1ミシンキルト
7.7
☆
7

タブ(2枚)
2
2

＜パッチワークのしかた＞

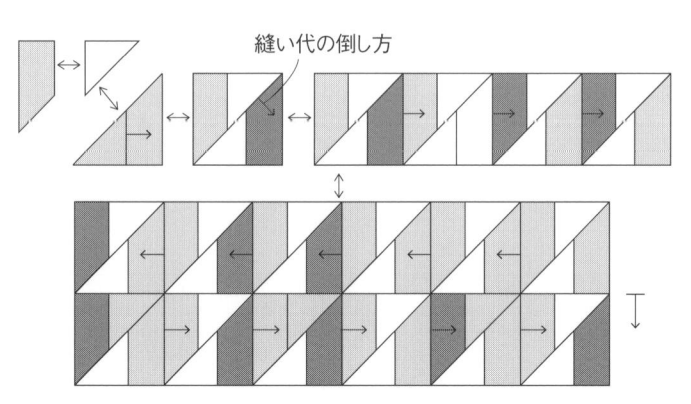

縫い代の倒し方

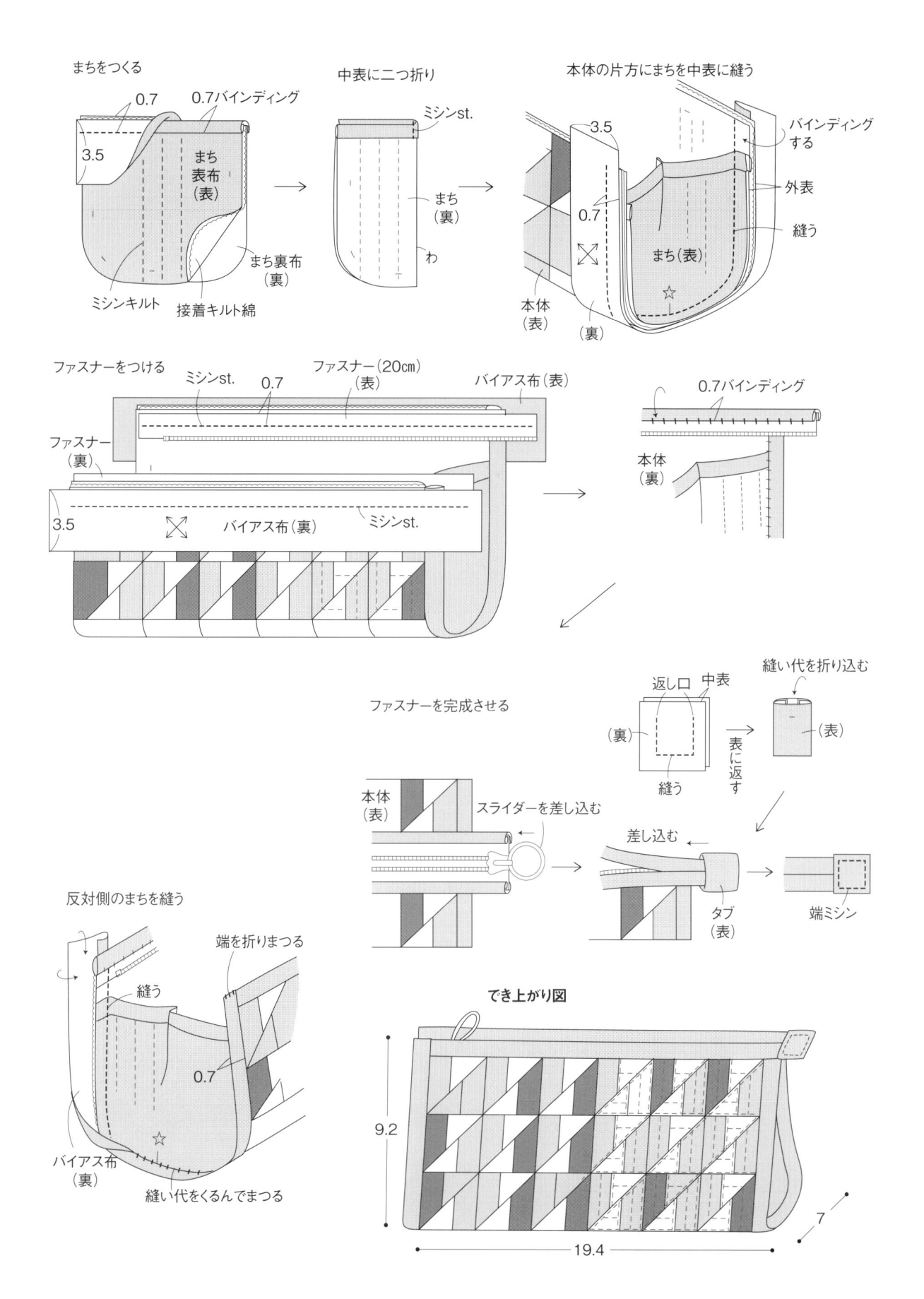

まちをつくる

0.7
0.7バインディング
3.5
まち表布（表）
まち裏布（裏）
ミシンキルト
接着キルト綿

中表に二つ折り

ミシンst.
まち（裏）
わ

本体の片方にまちを中表に縫う

3.5
0.7
バインディングする
外表
縫う
まち（表）
☆
本体（表）
（裏）

ファスナーをつける

ミシンst.
0.7
ファスナー（20cm）（表）
バイアス布（表）
ファスナー（裏）
3.5
バイアス布（裏）
ミシンst.

0.7バインディング
本体（裏）

ファスナーを完成させる

本体（表）
スライダーを差し込む

返し口　中表
（裏）
縫う

縫い代を折り込む
（表）
表に返す

差し込む
タブ（表）
端ミシン

反対側のまちを縫う

端を折りまつる
縫う
0.7
☆
バイアス布（裏）
縫い代をくるんでまつる

でき上がり図

9.2
19.4
7

作品▷17ページ

M

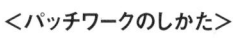

<パッチワークのしかた>

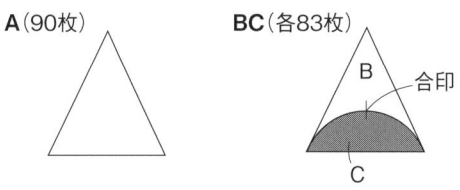

A（90枚）

BC（各83枚）

合印

印を合わせてBを見ながら縫う

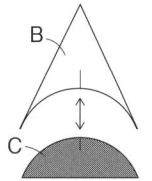

■**材料**
パッチワーク用布…スクラップ布を使用、裏布・キルト綿各100×50cm、縫い代始末用バイアス布適宜

■**作り方**
①パッチワークをして表布を2枚作る。
②①にキルト綿と裏布を重ねてキルティングをする。型紙を当てて縫い代をつけて裁つ。
③ダーツを縫う。
④持ち手の端を中表に縫い、縫い代を始末する。
⑤持ち手ぐりをバイアス布で包んで内側に倒してまつる。
⑥本体2枚を中表に合わせて袋状に縫う。片方の裏布で縫い代を始末する。
⑦袋口をバイアス布で包んで内側に倒してまつる。
⑧持ち手の中央部分を二つに折り、縫い止める。

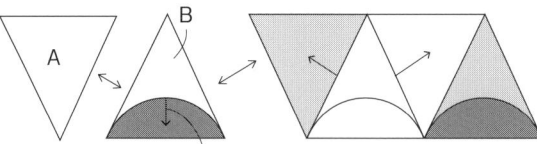

縫い代の倒し方

型紙

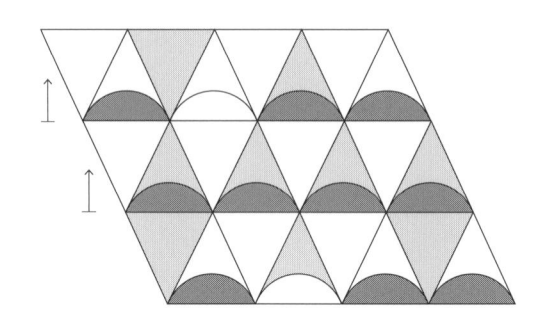

配置図　　**本体**（2枚）

でき上がり線

キルティング

落としキルト

ダーツ

ダーツ

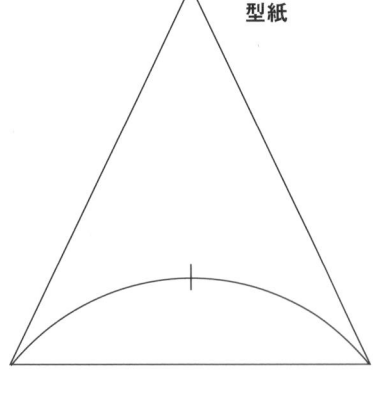

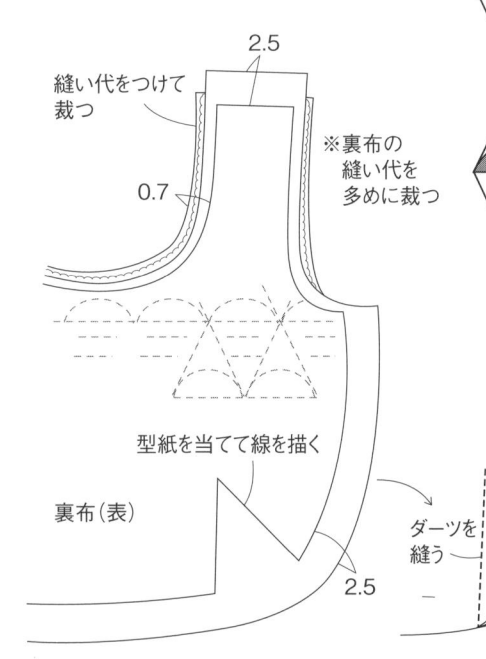

縫い代をつけて裁つ

2.5

0.7

※裏布の縫い代を多めに裁つ

型紙を当てて線を描く

裏布（表）

2.5

ダーツを縫う

外側に倒してまつる

反対側は内側に倒す

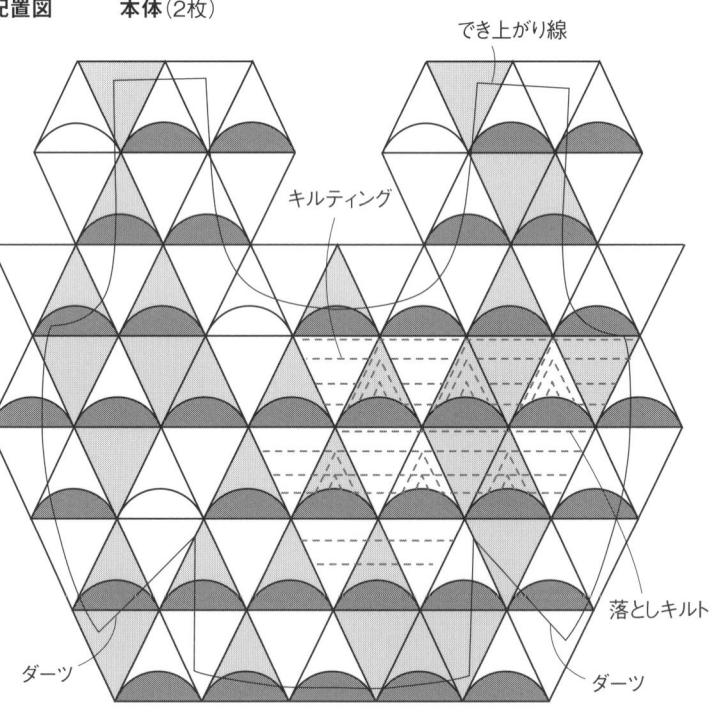

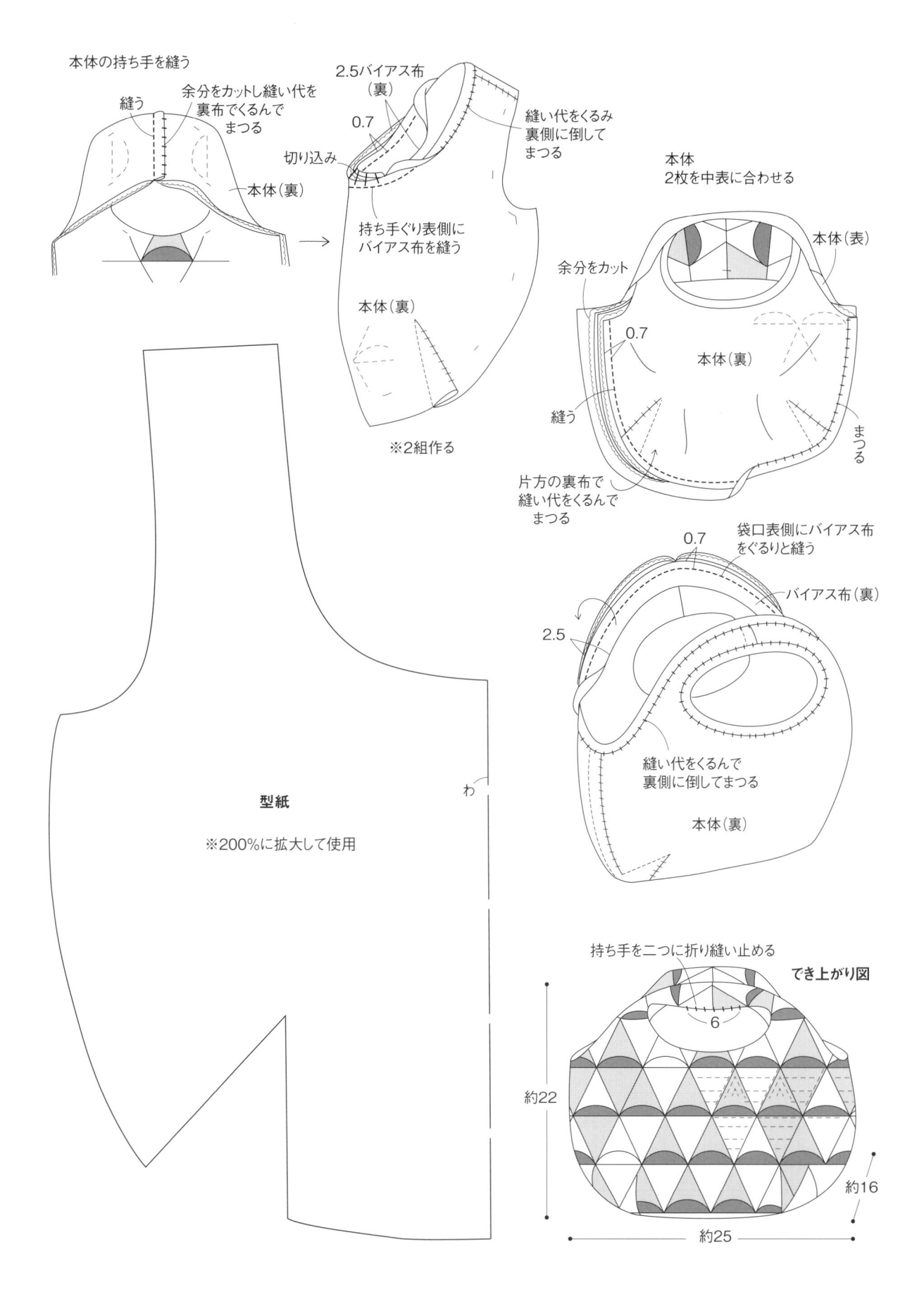

本体の持ち手を縫う

縫う

余分をカットし縫い代を
裏布でくるんで
まつる

本体（裏）

2.5バイアス布
（裏）

0.7

切り込み

縫い代をくるみ
裏側に倒して
まつる

持ち手ぐり表側に
バイアス布を縫う

本体（裏）

※2組作る

本体
2枚を中表に合わせる

本体（表）

余分をカット

0.7

本体（裏）

縫う

まつる

片方の裏布で
縫い代をくるんで
まつる

0.7

袋口表側にバイアス布
をぐるりと縫う

バイアス布（裏）

2.5

縫い代をくるんで
裏側に倒してまつる

本体（裏）

型紙

※200%に拡大して使用

わ

持ち手を二つに折り縫い止める

でき上がり図

6

約22

約16

約25

N

■材料

パッチワーク用布…スクラップ布を使用、まち…90×10cm、裏布110×70cm(仕切り布、見返しを含む)、キルト綿40×30cm、接着キルト綿90×50cm、20cm丈ファスナー1本、接着芯・縫い代始末用バイアス布各適宜

■作り方

①パッチワークをして前側表布を作り、キルト綿と裏布を重ねてキルティングする。
②①に見返しを縫いつけ、ファスナーをつける。外表に合わせた仕切り布2枚を重ねて口側をバイアス布で始末する。
③後側表布、まち・持ち手表布それぞれに接着キルト綿と裏布を重ねてミシンキルトする。
④後側の口側をバイアス布で始末する。
⑤まち・持ち手を輪に縫う。
⑥前後側と⑤を外表に縫い合わせる。
⑦縫い代をバイアス布で始末し、持ち手部分を続けて縫い、始末する。

＜パッチワークのしかた＞

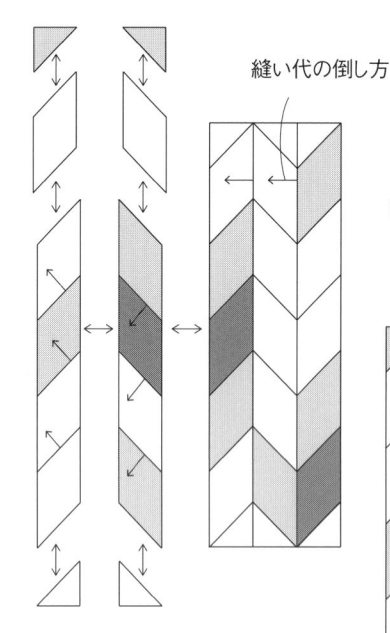

縫い代の倒し方

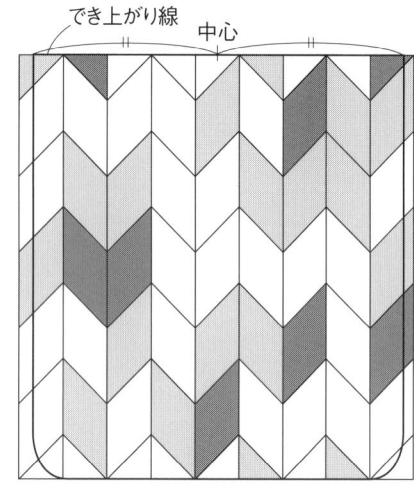

※キルティング後、表面にでき上がり線を描く

でき上がり線　中心

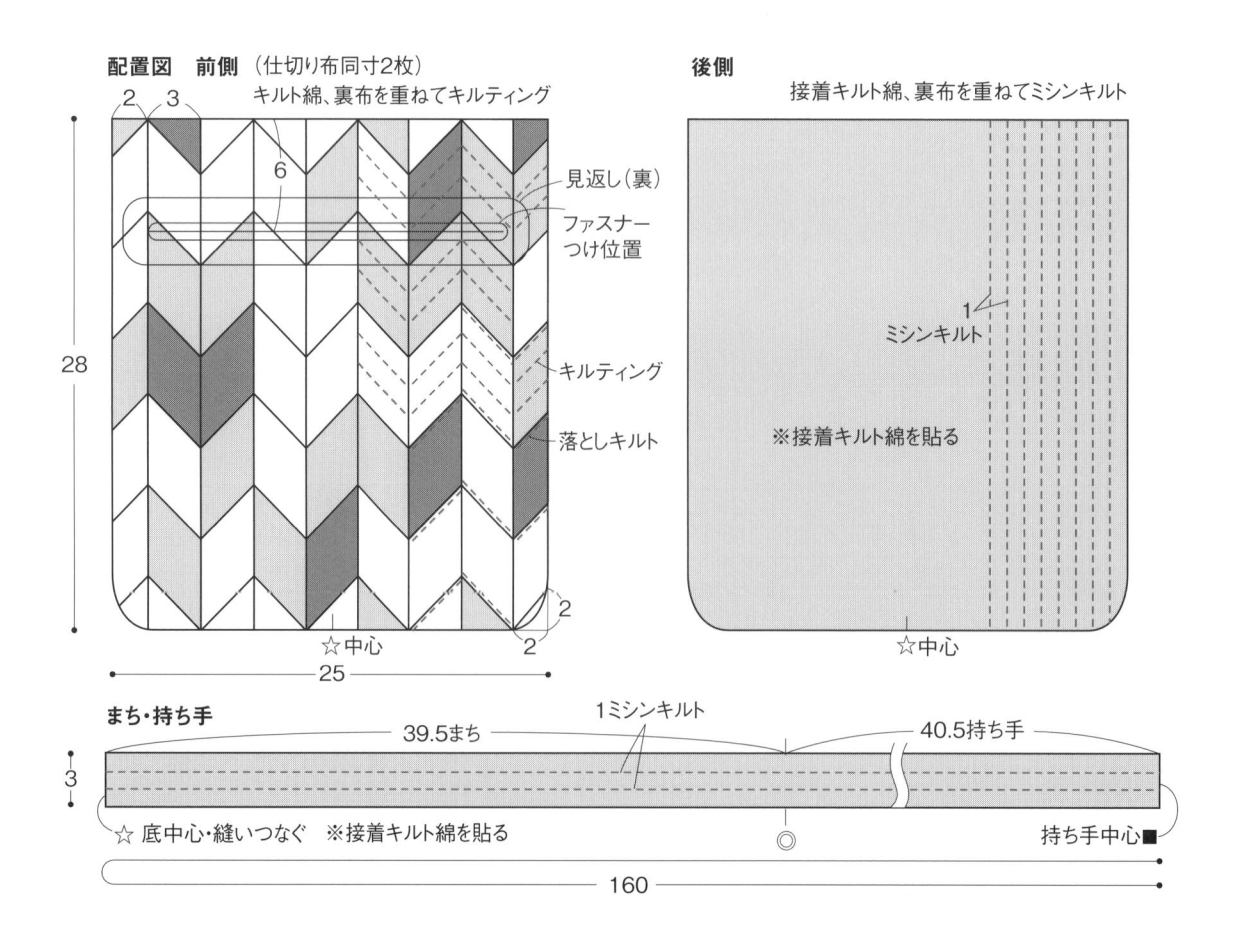

配置図　前側（仕切り布同寸2枚）

キルト綿、裏布を重ねてキルティング

2　3

6

見返し(裏)

ファスナーつけ位置

キルティング

落としキルト

28

25

☆中心

2

2

後側

接着キルト綿、裏布を重ねてミシンキルト

1 ミシンキルト

※接着キルト綿を貼る

☆中心

まち・持ち手

3

1 ミシンキルト

39.5まち

40.5持ち手

☆ 底中心・縫いつなぐ　※接着キルト綿を貼る

持ち手中心■

160

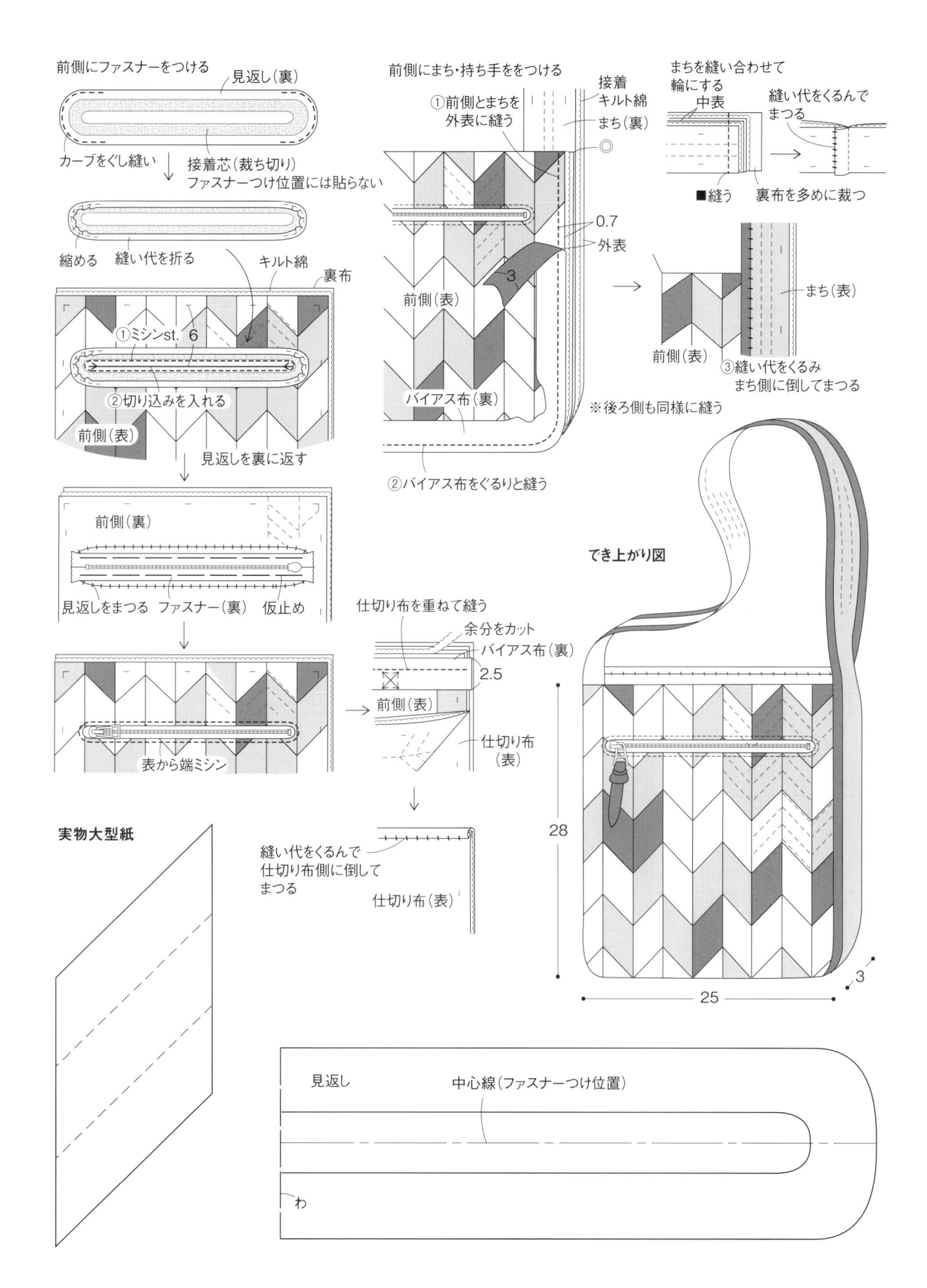

前側にファスナーをつける

見返し(裏)

カーブをぐし縫い

接着芯(裁ち切り)
ファスナーつけ位置には貼らない

縮める　縫い代を折る　キルト綿　裏布

①ミシンst. 6
②切り込みを入れる
前側(表)

見返しを裏に返す

前側(裏)

見返しをまつる　ファスナー(裏)　仮止め

表から端ミシン

実物大型紙

縫い代をくるんで
仕切り布側に倒して
まつる

仕切り布(表)

前側にまち・持ち手ををつける

①前側とまちを
外表に縫う

接着
キルト綿
まち(裏)

前側(表)

0.7
外表
3

バイアス布(裏)

②バイアス布をぐるりと縫う

※後ろ側も同様に縫う

仕切り布を重ねて縫う
余分をカット
バイアス布(裏)
2.5
前側(表)
仕切り布(表)

まちを縫い合わせて
輪にする
中表

縫い代をくるんで
まつる

■縫う　裏布を多めに裁つ

まち(表)
前側(表)

③縫い代をくるみ
まち側に倒してまつる

でき上がり図

28
25
3

見返し　中心線(ファスナーつけ位置)

わ

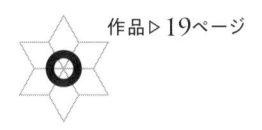

作品▷19ページ

■材料

パッチワーク用布…スクラップ布を使用、まち…40×30cm、持ち手…10×40cm、裏布50×40cm、キルト綿45×30cm、接着キルト綿60×10cm、ドミット芯40×15cm、中コード70cm、幅1.5cmテープ・幅0.5cmコード各10cm、30cm丈ファスナー1本、接着芯・縫い代始末用バイアス布各適宜

■作り方

①パッチワークをして表布を作り、キルト綿と裏布を重ねてキルティングし、縫い代をつけてカットする。
②上まちにファスナーをつけてキルティング。
③下まちを3層にしてキルティング。
④②と③を縫い合わせる。
⑤持ち手を2本作り、本体に仮止めする。
⑥本体とまちを中表に縫い合わせて縫い代をバイアス布で始末する。

実物大型紙

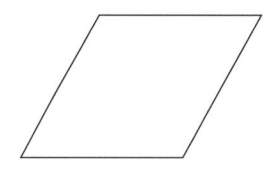

＜パッチワークのしかた＞

● …印で縫い止まり

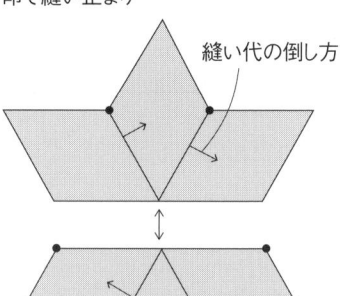

縫い代の倒し方

※でき上がり線より大きめにピースワークする

配置図　本体

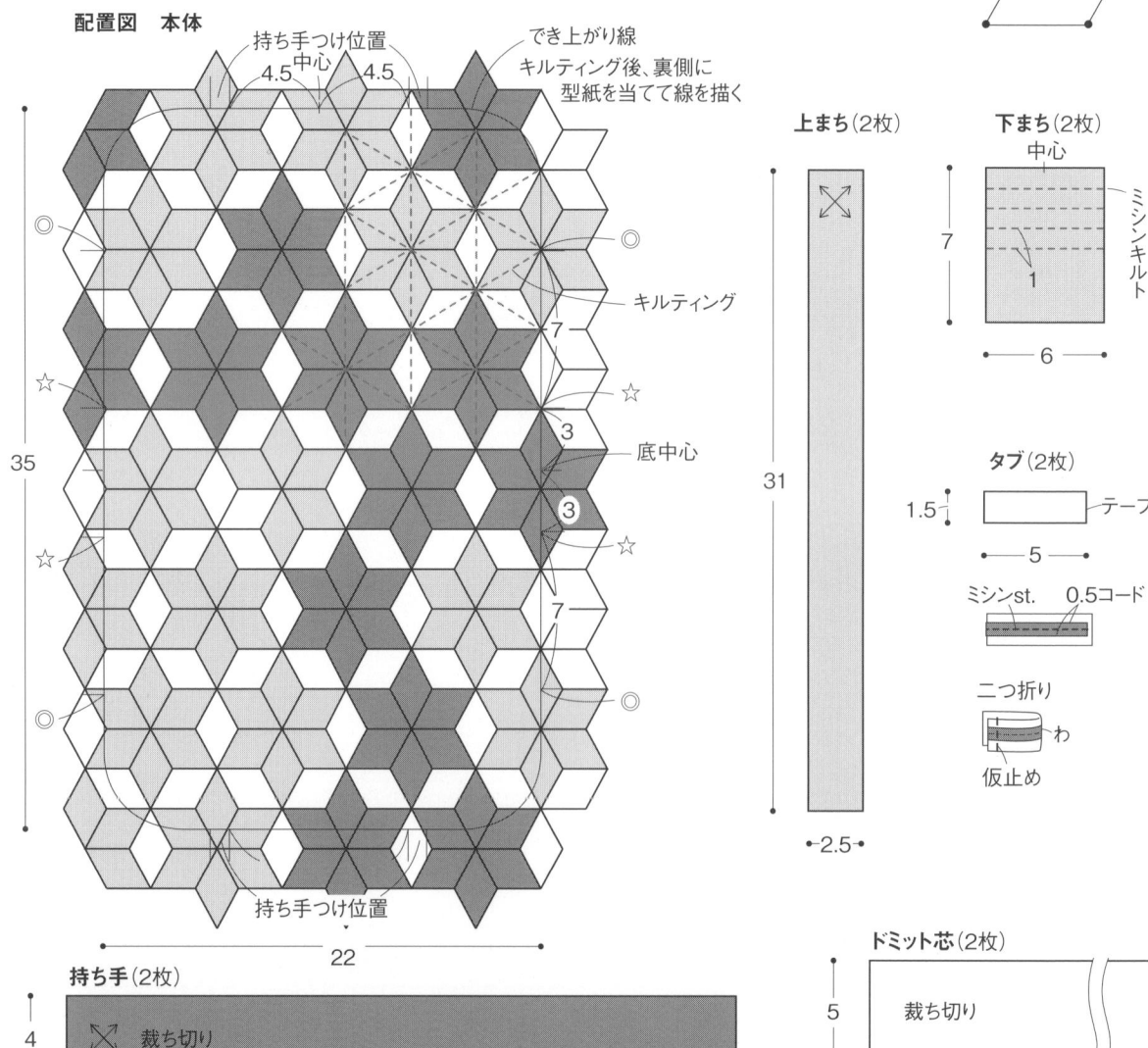

持ち手つけ位置
中心
4.5　4.5
でき上がり線
キルティング後、裏側に型紙を当てて線を描く
キルティング
底中心
35
22
持ち手つけ位置

上まち（2枚）
31
2.5

下まち（2枚）
中心
7
1
6
ミシンキルト

タブ（2枚）
1.5
5
テープ
ミシンst.　0.5コード
二つ折り
わ
仮止め

持ち手（2枚）
4
35
裁ち切り

ドミット芯（2枚）
5
35
裁ち切り

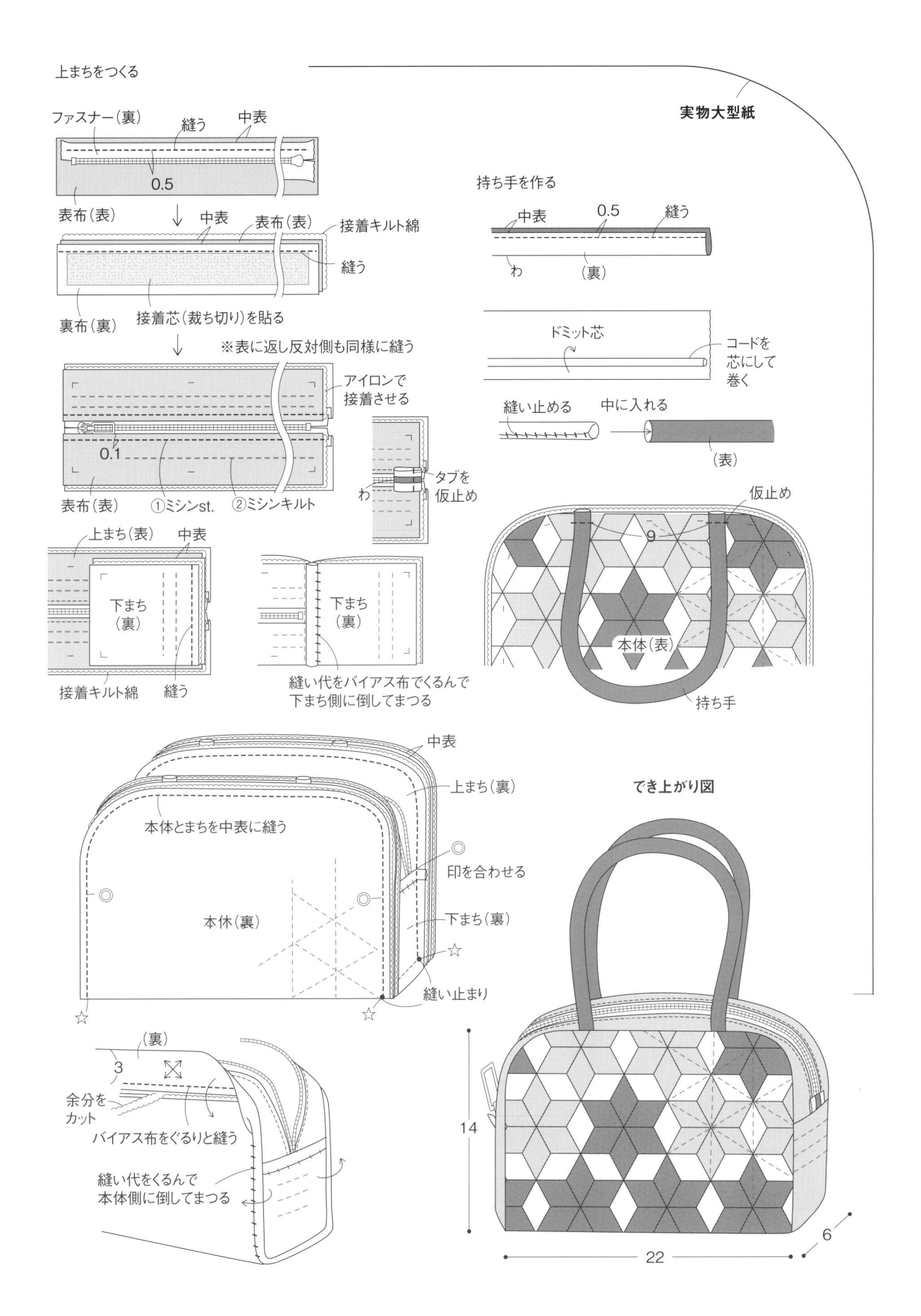

上まちをつくる

ファスナー（裏）　縫う　中表
0.5

表布（表）　中表　表布（表）　接着キルト綿
縫う
裏布（裏）

接着芯（裁ち切り）を貼る

※表に返し反対側も同様に縫う

アイロンで接着させる
0.1
表布（表）　①ミシンst.　②ミシンキルト

わ　タブを仮止め

上まち（表）　中表
下まち（裏）
接着キルト綿　縫う

下まち（裏）

縫い代をバイアス布でくるんで
下まち側に倒してまつる

持ち手を作る

中表　0.5　縫う
わ　（裏）

ドミット芯
コードを芯にして巻く

縫い止める　中に入れる
（表）

仮止め
9
本体（表）
持ち手

できあがり図

中表
上まち（裏）

本体とまちを中表に縫う
印を合わせる
本休（裏）
下まち（裏）
縫い止まり

（裏）
3
余分をカット
バイアス布をぐるりと縫う
縫い代をくるんで本体側に倒してまつる

14
22　6

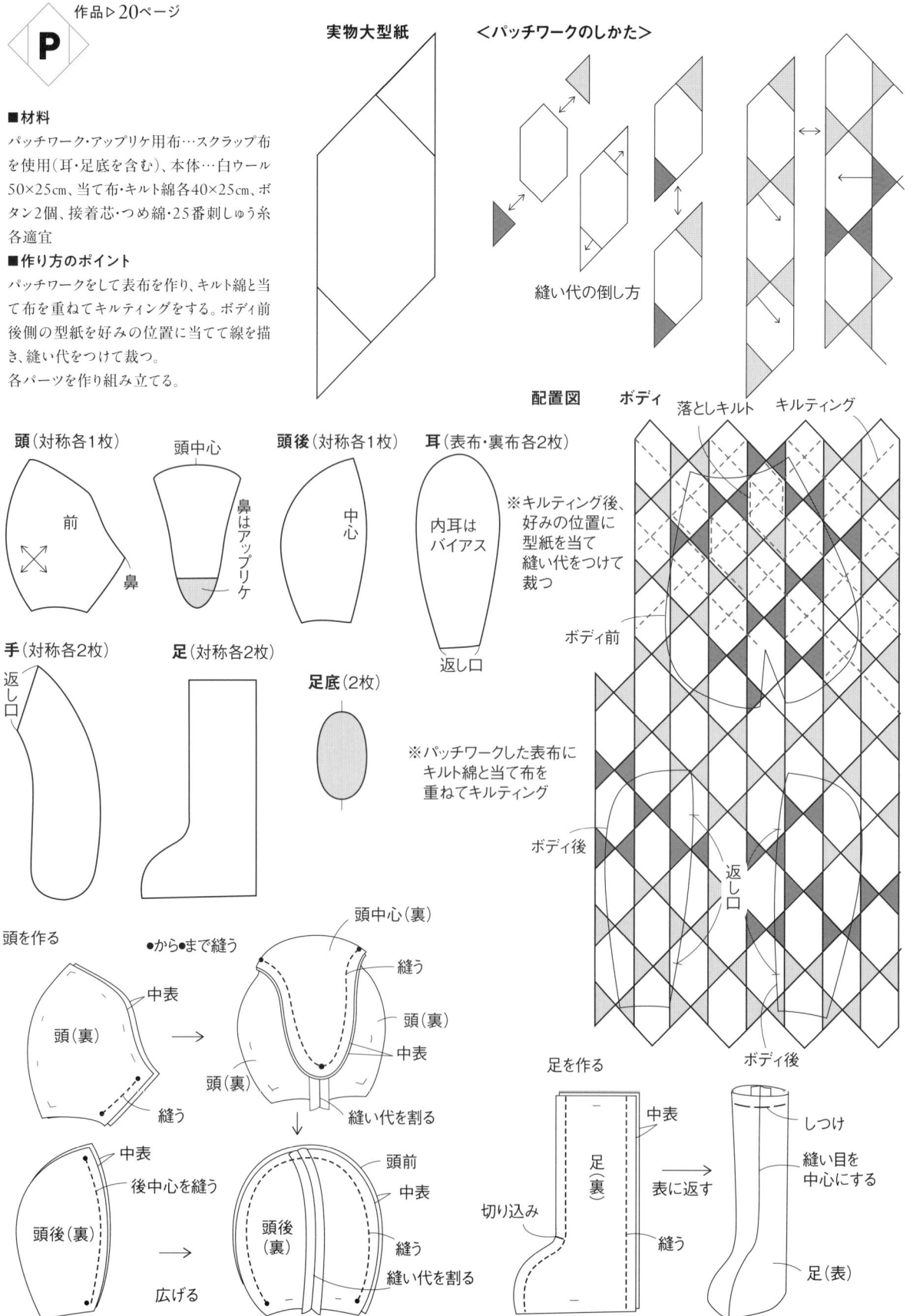

作品▷20ページ

P

■材料

パッチワーク・アップリケ用布…スクラップ布を使用(耳・足底を含む)、本体…白ウール50×25cm、当て布・キルト綿各40×25cm、ボタン2個、接着芯・つめ綿・25番刺しゅう糸各適宜

■作り方のポイント

パッチワークをして表布を作り、キルト綿と当て布を重ねてキルティングをする。ボディ前後側の型紙を好みの位置に当てて線を描き、縫い代をつけて裁つ。

各パーツを作り組み立てる。

実物大型紙　　　＜パッチワークのしかた＞

縫い代の倒し方

配置図　ボディ　　落としキルト　キルティング

頭(対称各1枚)　　頭中心　　頭後(対称各1枚)　　耳(表布・裏布各2枚)

前　　鼻はアップリケ　　中心　　内耳はバイアス

鼻　　鼻

※キルティング後、好みの位置に型紙を当て縫い代をつけて裁つ

ボディ前

手(対称各2枚)　　足(対称各2枚)

返し口

足底(2枚)

※パッチワークした表布にキルト綿と当て布を重ねてキルティング

ボディ後

返し口

頭を作る　　●から●まで縫う

頭中心(裏)

縫う

中表

頭(裏)　　頭(裏)

中表

頭(裏)

縫う　　縫い代を割る

中表

後中心を縫う

頭後(裏)

広げる

頭前

中表

頭後(裏)

縫う

縫い代を割る

ボディ後

足を作る

中表

足(裏)

切り込み

縫う

しつけ

縫い目を中心にする

表に返す

足(表)

ボディを作る

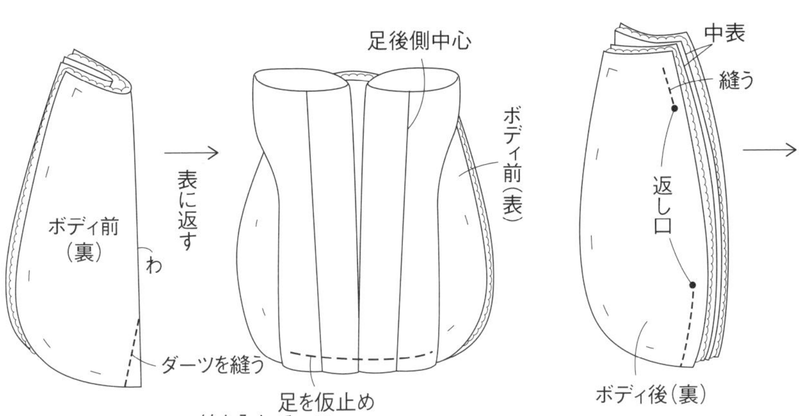

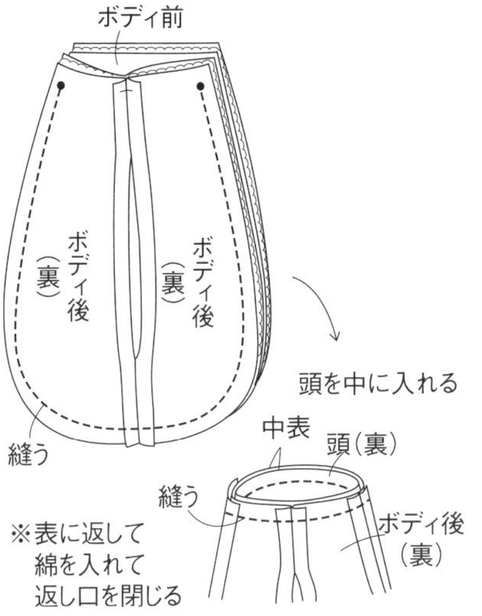

ボディ前（裏）
表に返す
わ
ダーツを縫う

足後側中心
ボディ前（表）
足を仮止め

中表
縫う
返し口
ボディ後（裏）
縫う

ボディ前
ボディ後（裏）
ボディ後（裏）
頭を中に入れる
中表
頭（裏）
縫う
ボディ後（裏）
※表に返して綿を入れて返し口を閉じる

手を作る

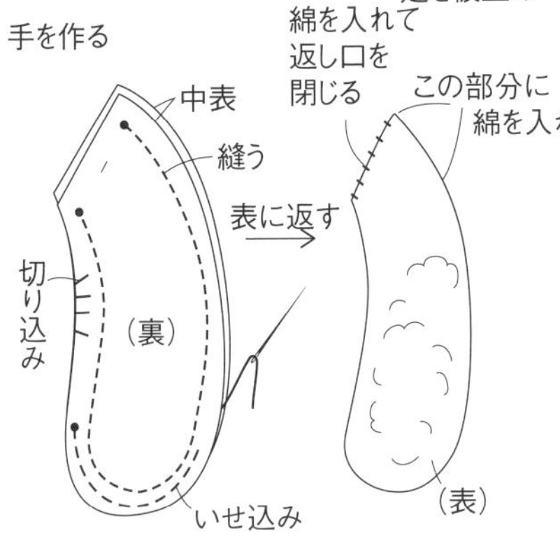

中表
縫う
切り込み
（裏）
いせ込み

綿を入れて返し口を閉じる
この部分に綿を入れない
表に返す
（表）

耳を作る

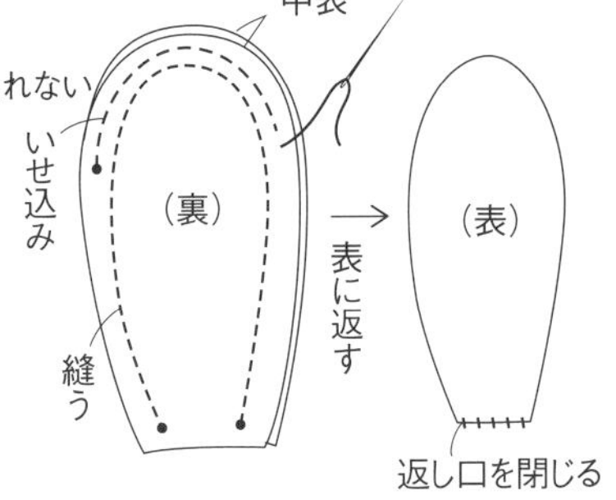

中表
いせ込み
（裏）
縫う

表に返す
（表）
返し口を閉じる

でき上がり図

約32

足

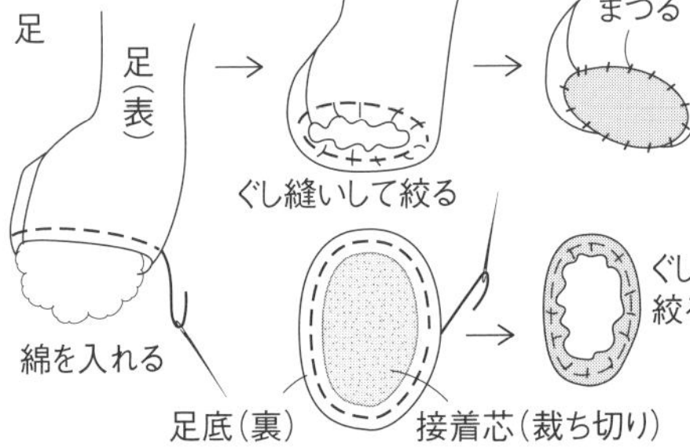

足（表）
綿を入れる
足底（裏）

ぐし縫いして絞る
接着芯（裁ち切り）

まつる
ぐし縫いして絞る

仕上げ

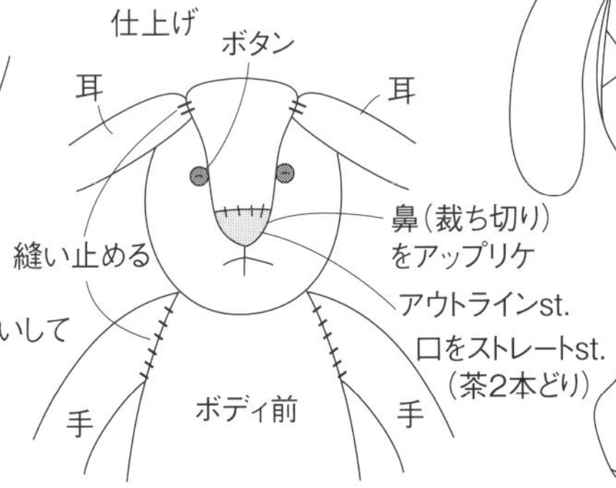

ボタン
耳　耳
縫い止める
手　ボディ前　手

鼻（裁ち切り）をアップリケ
アウトラインst.
口をストレートst.
（茶2本どり）

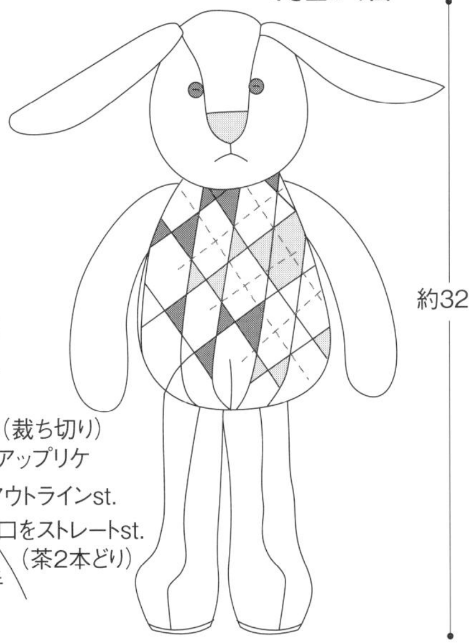

型紙　※200%に拡大して使用

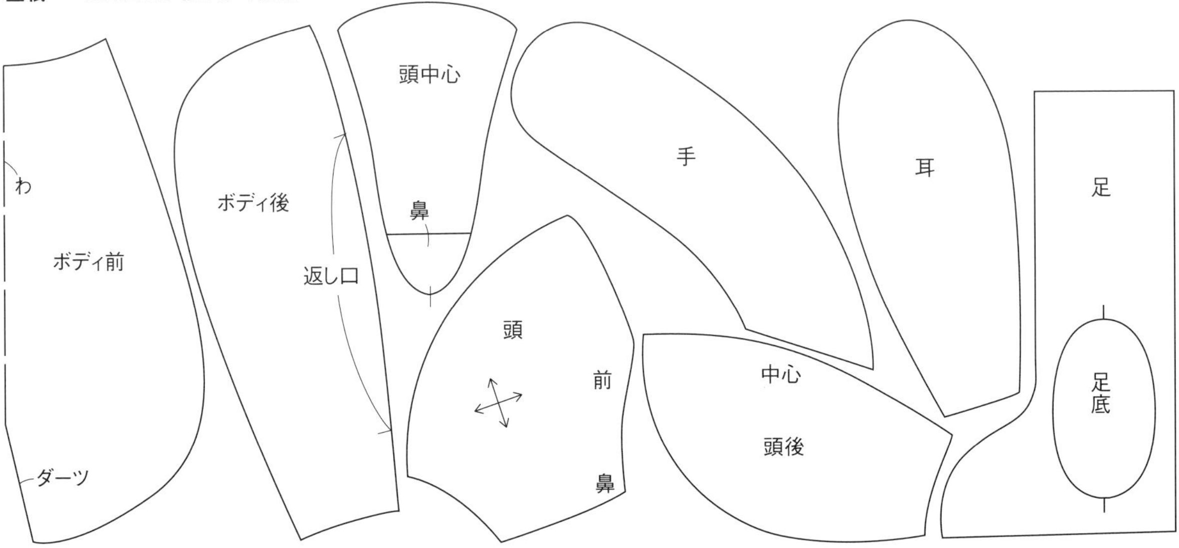

わ
ボディ前
ダーツ

ボディ後
返し口

頭中心
鼻

頭
前
鼻

手

中心
頭後

耳

足
足底

作品▷21ページ

■材料

パッチワーク用布…スクラップ布を使用、まち・タブ…70×20cm、後側…35×35cm、裏布（見返しを含む）110×55cm、キルト綿・接着芯各35×70cm、接着キルト綿75×20cm、内幅15cm木製持ち手1組

■作り方

①パッチワークをして前側表布を作り、キルト綿と裏布を重ねてキルティングする。後側はミシンキルト。どちらも縫い代をつけてカットする。

②まち表布、裏布、接着キルト綿を重ねて口側を縫い、表に返してミシンキルト。

③本体のダーツを縫う。

④本体、まちを中表に合わせて見返しを重ねて図のように縫う。

⑤持ち手を差し込んで縫う。

⑥縫い代を始末し、見返しを表に返してまつる。

＜パッチワークのしかた＞

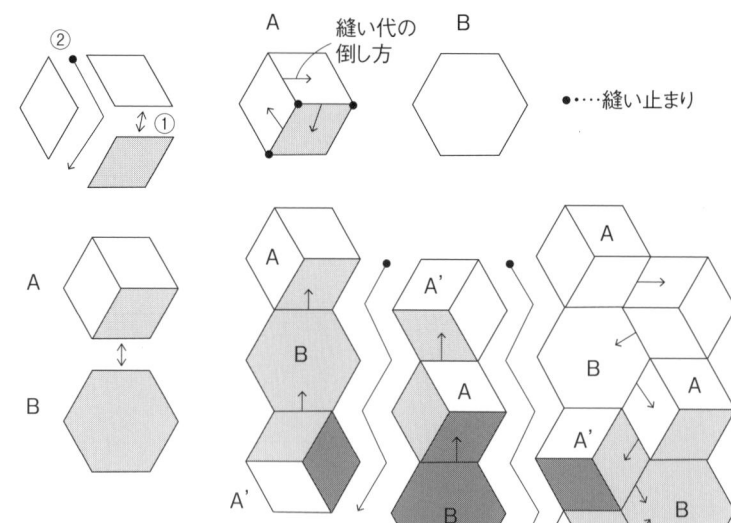

縫い代の倒し方

●…縫い止まり

※向きに注意

配置図　前側　※でき上がり線より大きめにピースワーク

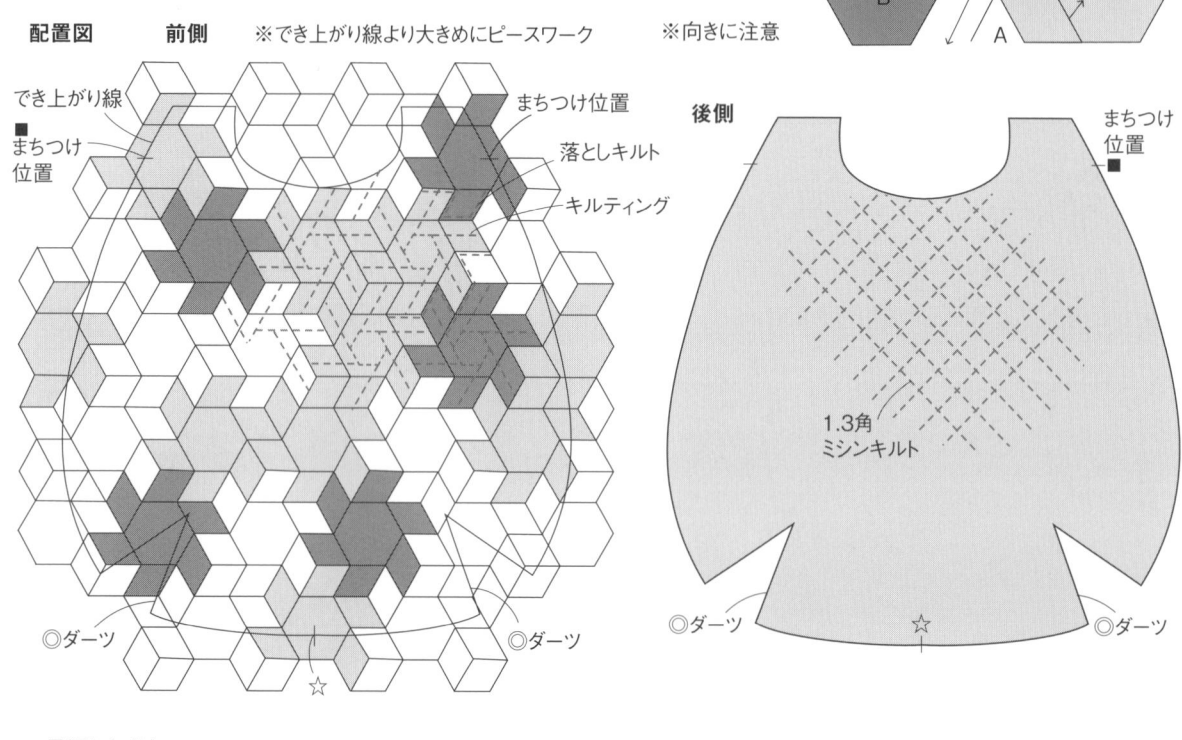

でき上がり線

まちつけ位置

まちつけ位置

落としキルト

キルティング

◎ダーツ

◎ダーツ

後側

まちつけ位置

1.3角ミシンキルト

◎ダーツ

☆

◎ダーツ

見返し（2枚）

※裏に接着芯（裁ち切り）を貼る

ループ（4枚）

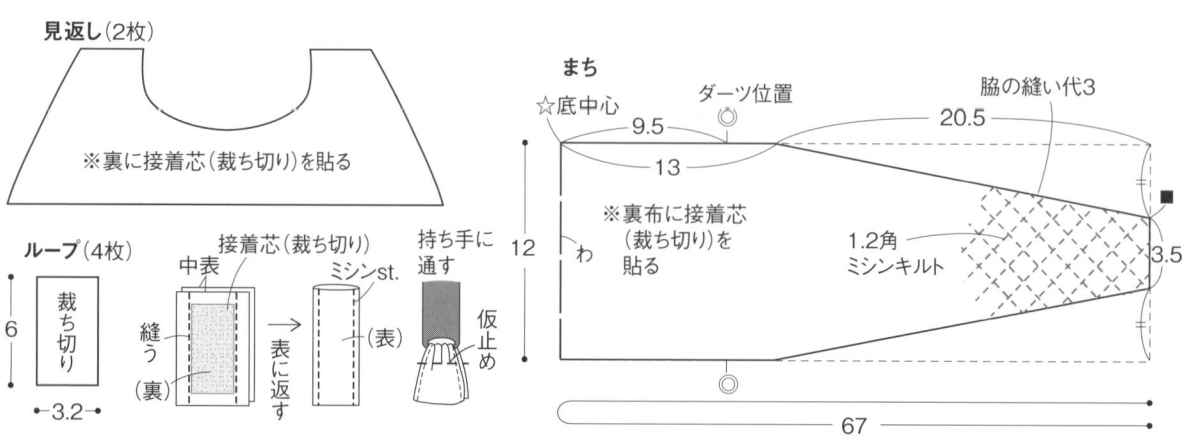

6

裁ち切り

3.2

中表

接着芯（裁ち切り）

縫う（裏）

表に返す

（表）

ミシンst.

持ち手に通す

仮止め

まち

☆底中心

ダーツ位置

脇の縫い代3

9.5

13

20.5

12

わ

※裏布に接着芯（裁ち切り）を貼る

1.2角ミシンキルト

3.5

67

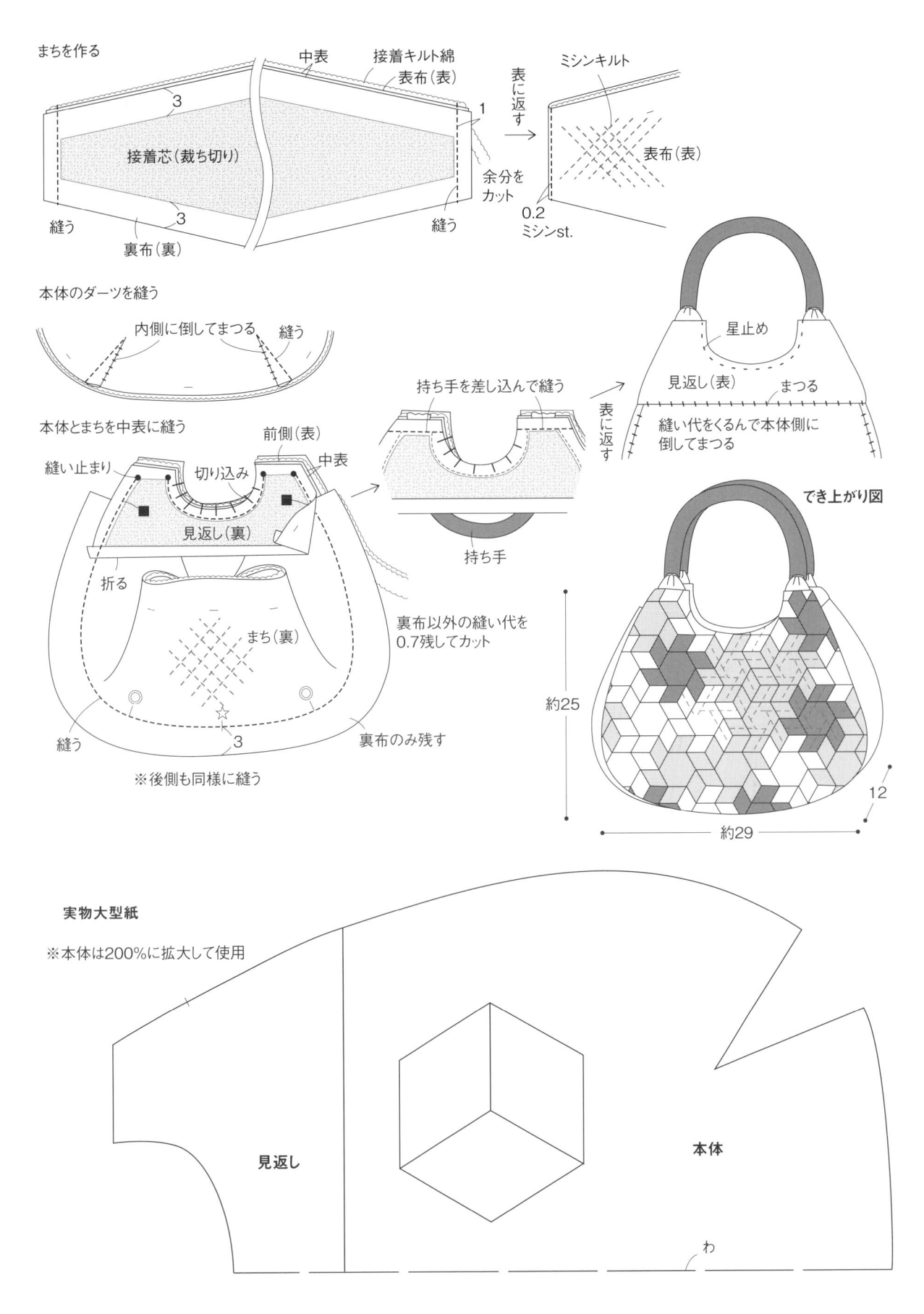

まちを作る

中表　接着キルト綿　表布（表）
3
接着芯（裁ち切り）
1
余分をカット
縫う
3
縫う
裏布（裏）

ミシンキルト
表に返す
表布（表）
0.2 ミシンst.

本体のダーツを縫う

内側に倒してまつる　縫う

本体とまちを中表に縫う

縫い止まり　切り込み　前側（表）　中表
見返し（裏）
折る
まち（裏）
縫う
3
裏布のみ残す
※後側も同様に縫う

裏布以外の縫い代を0.7残してカット

持ち手を差し込んで縫う
表に返す
持ち手

星止め
見返し（表）　まつる
縫い代をくるんで本体側に倒してまつる

でき上がり図

約25
約29
12

実物大型紙

※本体は200%に拡大して使用

見返し

本体

わ

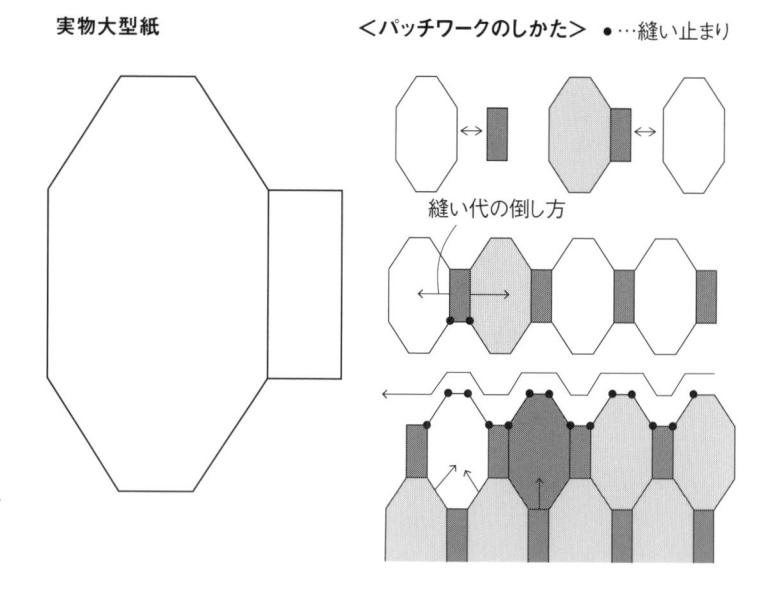

R

作品▷22ページ

実物大型紙

＜パッチワークのしかた＞　●…縫い止まり

■材料

パッチワーク用布…スクラップ布を使用(タブを含む)、後側・まち…110×40cm、裏布40×120cm、キルト綿40×30cm、接着キルト綿100×35cm、直径1.8cmマグネットボタン1組、縫い代始末用バイアス布適宜

■作り方

①パッチワークをして前側表布を対称に作り、キルト綿と裏布を重ねてキルティングする。縫い代をつけてカットする。

②前側の中心を縫い合わせ、ダーツを縫う。

③後側表布とまち表布それぞれ接着キルト綿と裏布を重ねてミシンキルトする。

④前後側の口側にタブをはさんでバイス布で始末する。

⑤まちを作り、底中心を縫い輪にする。

⑥前後側とまちを中表に縫う。縫い代をバイアス布で始末する。

縫い代の倒し方

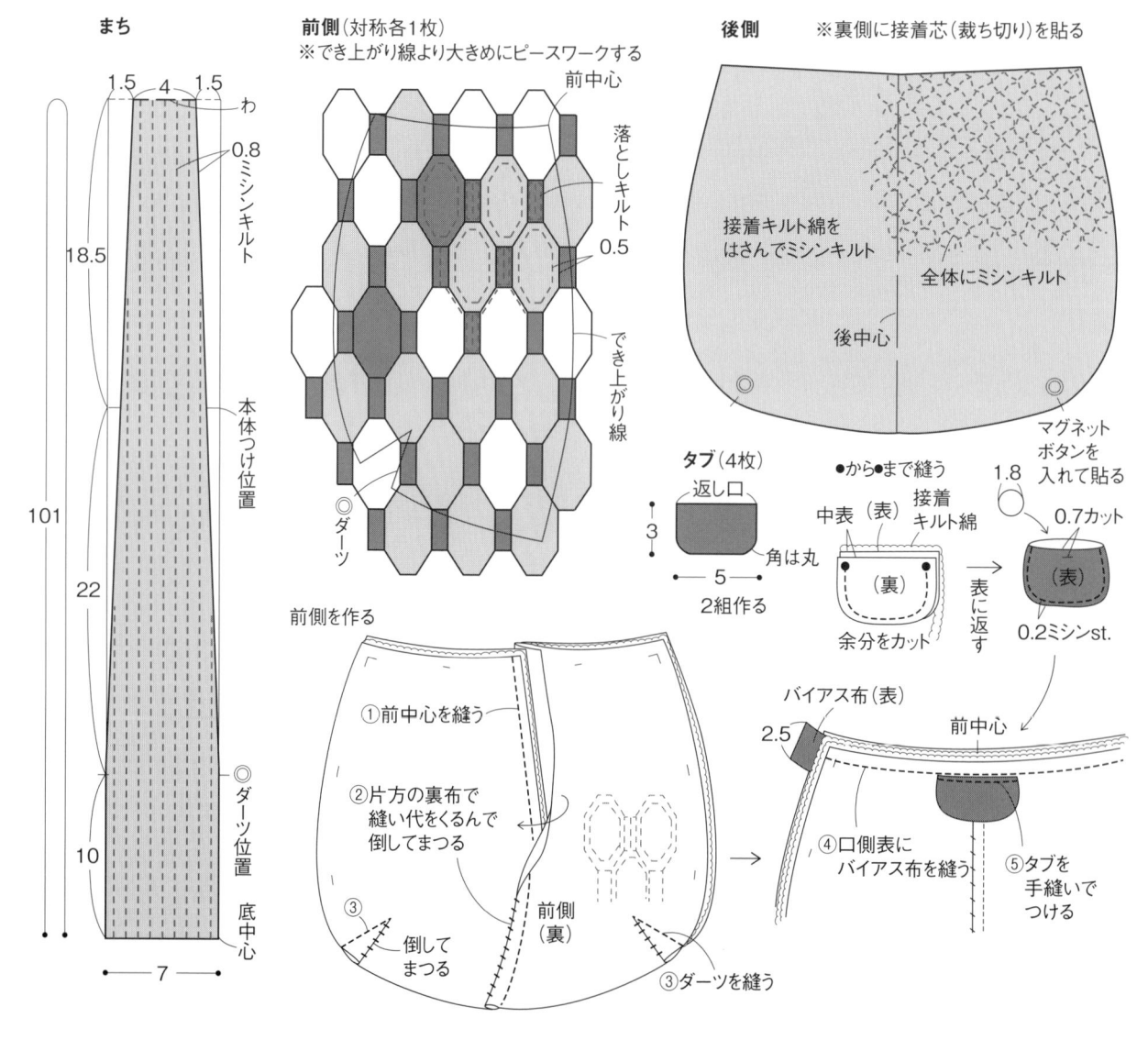

まち

前側(対称各1枚)
※でき上がり線より大きめにピースワークする

後側　※裏側に接着芯(裁ち切り)を貼る

接着キルト綿をはさんでミシンキルト

全体にミシンキルト

後中心

マグネットボタンを入れて貼る

タブ(4枚)
返し口
角は丸
2組作る

●から●まで縫う
中表(表)　接着キルト綿
(裏)
余分をカット
表に返す
0.7カット
(表)
0.2ミシンst.

前側を作る

①前中心を縫う

②片方の裏布で縫い代をくるんで倒してまつる

③倒してまつる

③ダーツを縫う

前側(裏)

バイアス布(表)
2.5
前中心
④口側表にバイアス布を縫う
⑤タブを手縫いでつける

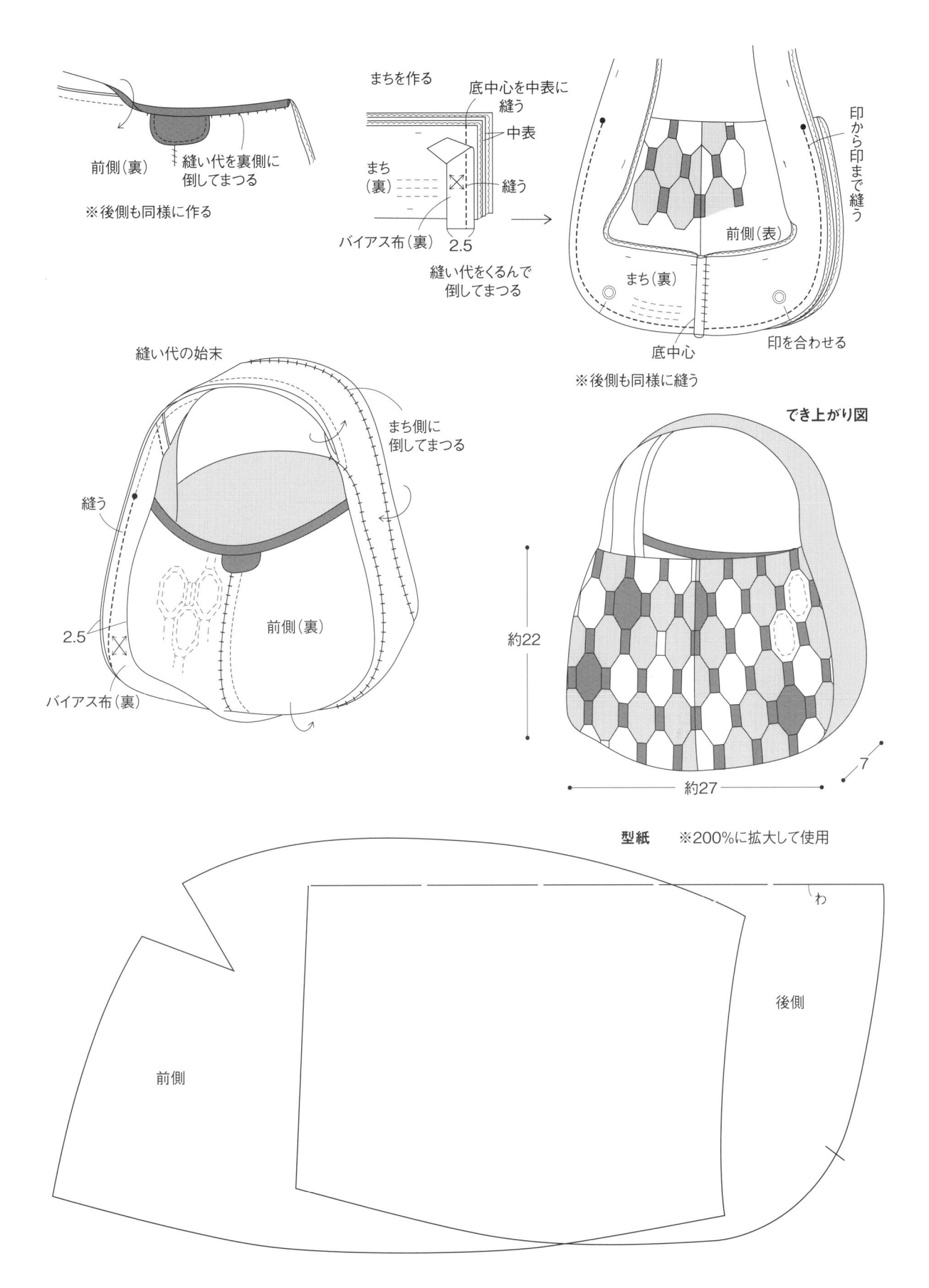

前側（裏）　縫い代を裏側に
倒してまつる

※後側も同様に作る

まちを作る

底中心を中表に
縫う

中表

まち
（裏）

縫う

バイアス布（裏）　2.5

縫い代をくるんで
倒してまつる

印から印まで縫う

前側（表）

まち（裏）

底中心

印を合わせる

※後側も同様に縫う

縫い代の始末

まち側に
倒してまつる

縫う

2.5

バイアス布（裏）

前側（裏）

でき上がり図

約22

約27

7

型紙　　※200%に拡大して使用

前側

後側

わ

S　作品▷24ページ
　　型紙▷75ページ

■材料
パッチワーク用布…スクラップ布を使用(ふた
を含む)、前側B・C・後側…40×30cm、裏布70
×35cm、キルト綿50×20cm、バインディング(バ
イアス)…3.5×20cm、15cm丈ファスナー1本、
幅2cmテープ8cm、直径2cmマグネットボタン1
組、両面接着シート・縫い代始末用バイアス布
各適宜

■作り方
①パッチワークをしてA表布を作る。
②①、B、後側表布にキルト綿と裏布を重ねて
キルティングする。
③Aのダーツを縫い、上をバインディングする。
④BとCの間にファスナーをはさんで縫い、片
方のファスナーは③に縫い止める。
⑤ふたを作り、後側に縫い合わせる。
⑥前側と後側を中表に合わせてテープをはさ
んで袋に縫う。縫い代をバイアス布で始末する。
⑦マグネットボタンを縫い止める。

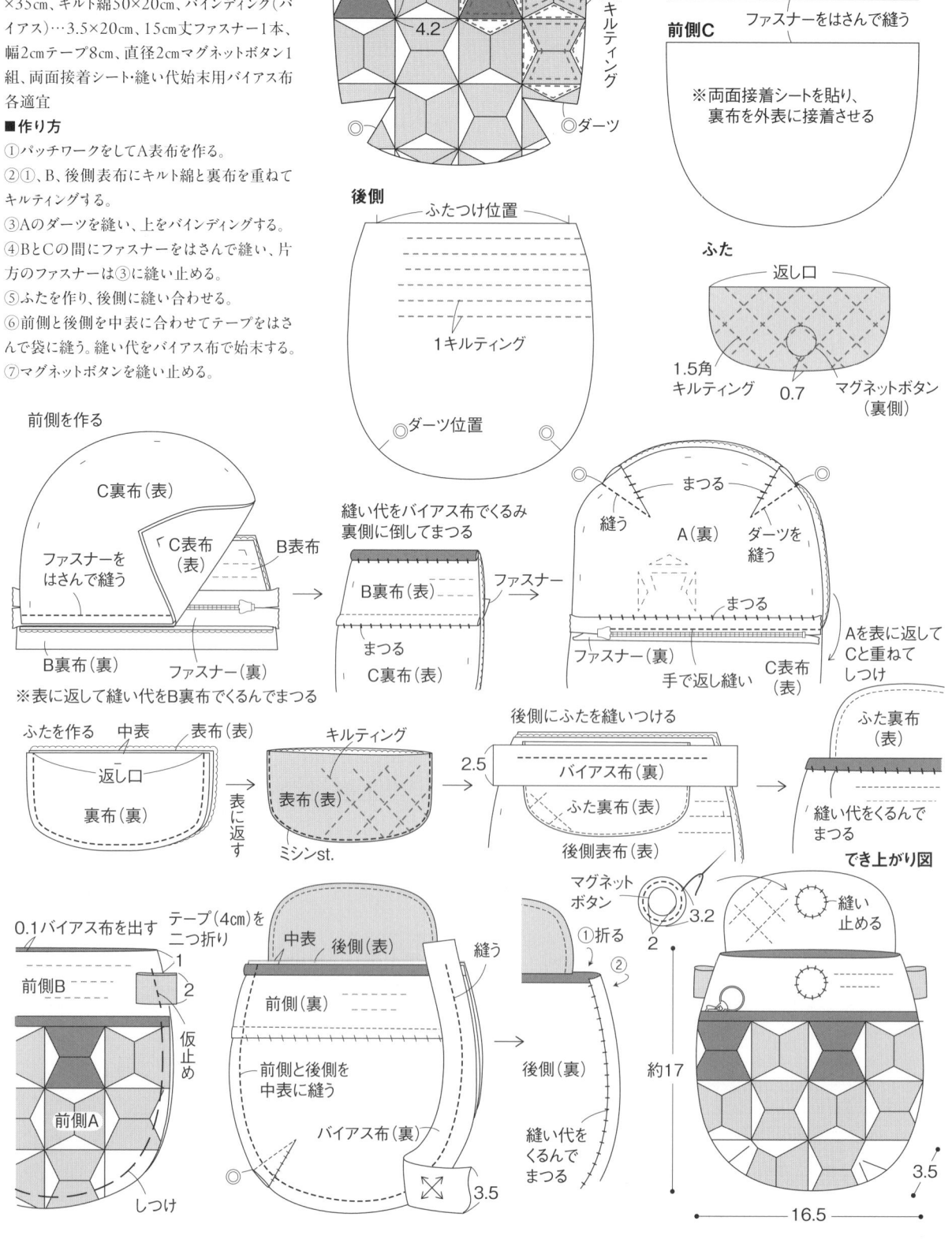

作品▷26ページ

U ■材料

パッチワーク用布…スクラップ布を使用、まち…30×35cm、裏布・キルト綿各60×30cm、21cm丈フリースタイルファスナー2本、スライダー1個、幅2・1.3cmテープ各10cm、接着芯・25番刺しゅう糸各色・縫い代始末用バイアス布各適宜

■作り方

①パッチワーク、刺しゅうをして本体表布を作りキルト綿と裏布を重ねてキルティングする。

②上まちにファスナーをはさんで縫い、キルティングした下まちと縫い合わせて輪にする。

③本体とまちを中表に縫い合わせて縫い代をバイアス布で始末する。

⑥残りの辺を順番に縫い合わせて形にする。

実物大型紙

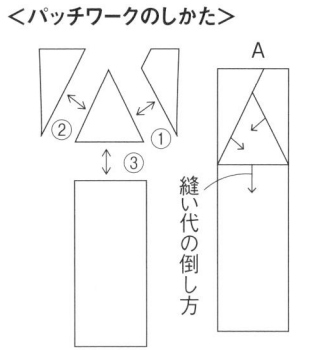

刺しゅう図案

＜パッチワークのしかた＞

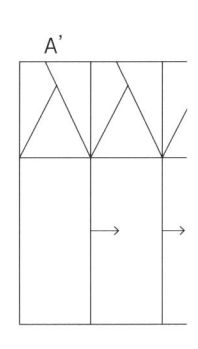

A　A'

縫い代の倒し方

型紙

本体

※200%に拡大して使用

わ

配置図　本体（2枚）

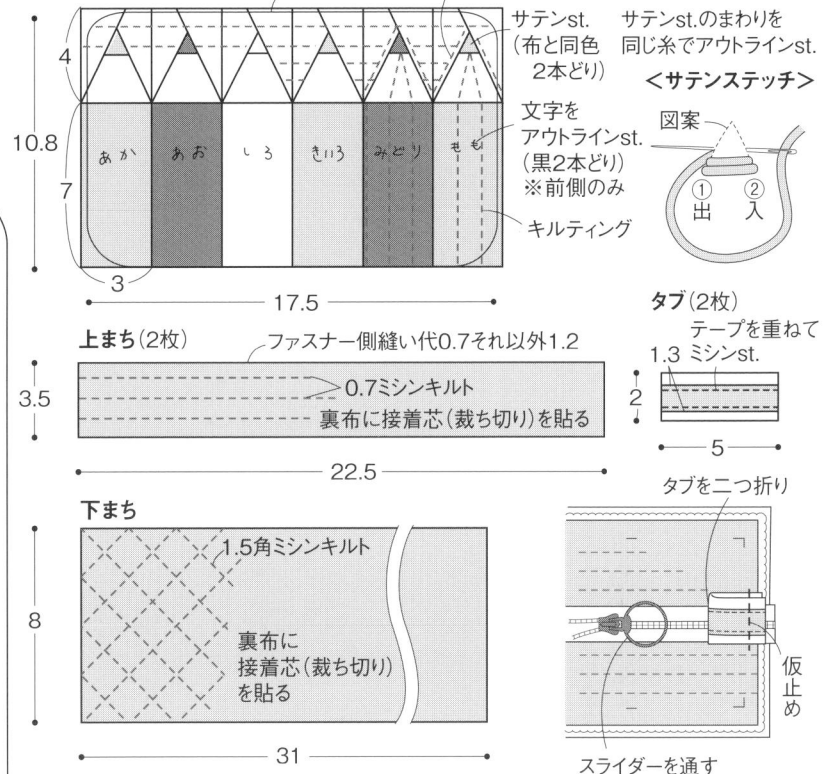

でき上がり線　落としキルト

4

10.8

サテンst.（布と同色2本どり）

サテンst.のまわりを同じ糸でアウトラインst.

文字をアウトラインst.（黒2本どり）※前側のみ

キルティング

あか　あお　いろ　きいろ　みどり　もも

7

3

17.5

＜サテンステッチ＞

図案

①出　②入

上まち（2枚）　ファスナー側縫い代0.7それ以外1.2

0.7ミシンキルト

裏布に接着芯（裁ち切り）を貼る

3.5

22.5

タブ（2枚）

テープを重ねて1.3ミシンst.

2

5

下まち　1.5角ミシンキルト

裏布に接着芯（裁ち切り）を貼る

8

31

※まちの作り方はp44を参照

タブを二つ折り

スライダーを通す

仮止め

でき上がり図

本体とまちを中表に縫う

縫い代始末用バイアス布（裏）

まちを中表に縫い輪にする

2.5

縫う　0.7にカット

本体（裏）

まち（裏）

縫い代をくるんで本体側に倒してまつる

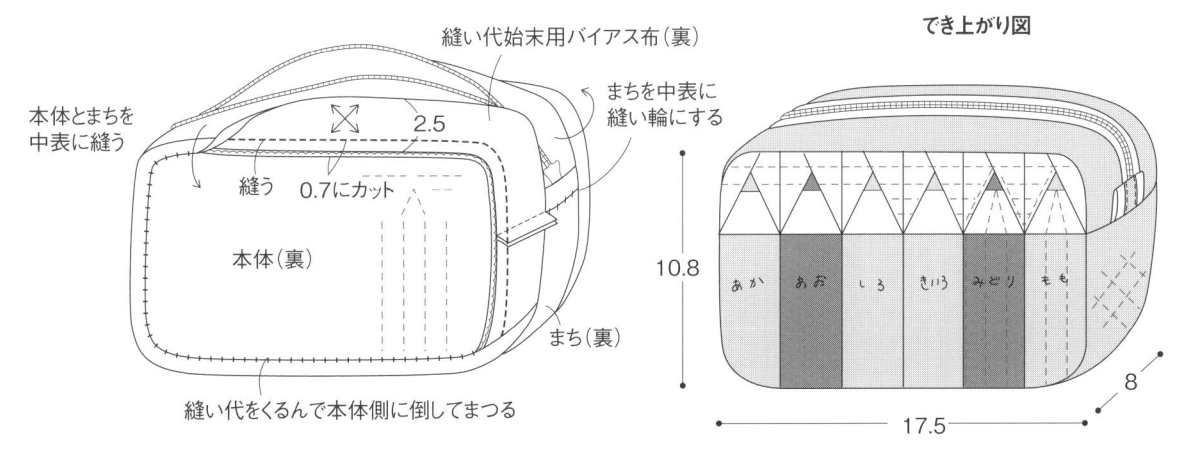

10.8

あか　あお　いろ　きいろ　みどり　もも

17.5

8

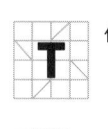

作品▷25ページ

■材料
パッチワーク用布…スクラップ布を使用、
裏布・キルト綿各60×60cm、バインディング
（バイアス）3.5×230cm

■作り方
①パッチワークをして表布を作る。
②キルト綿と裏布を重ねてキルティングする。
③周囲をバインディングする。

<**ピース**>

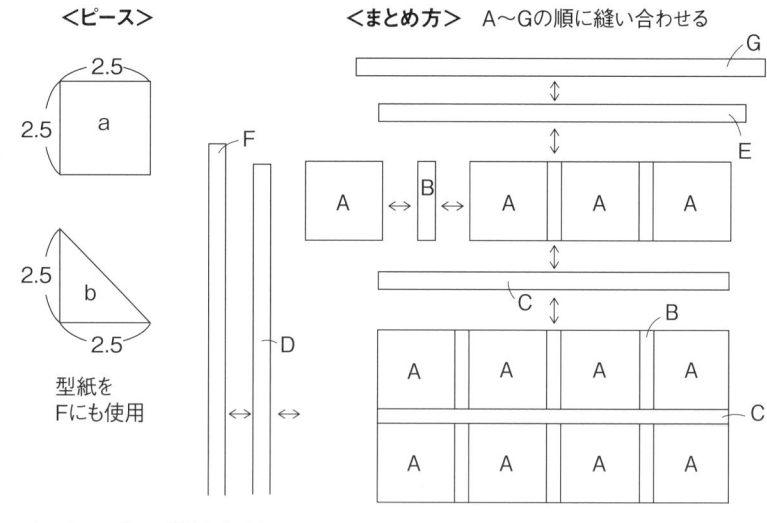

2.5

2.5 │ a

2.5

b

2.5

型紙を
Fにも使用

F

D

<**まとめ方**>　A～Gの順に縫い合わせる

G

E

A ↔ B ↔ A A A

C

B

A A A A

C

A A A A

配置図

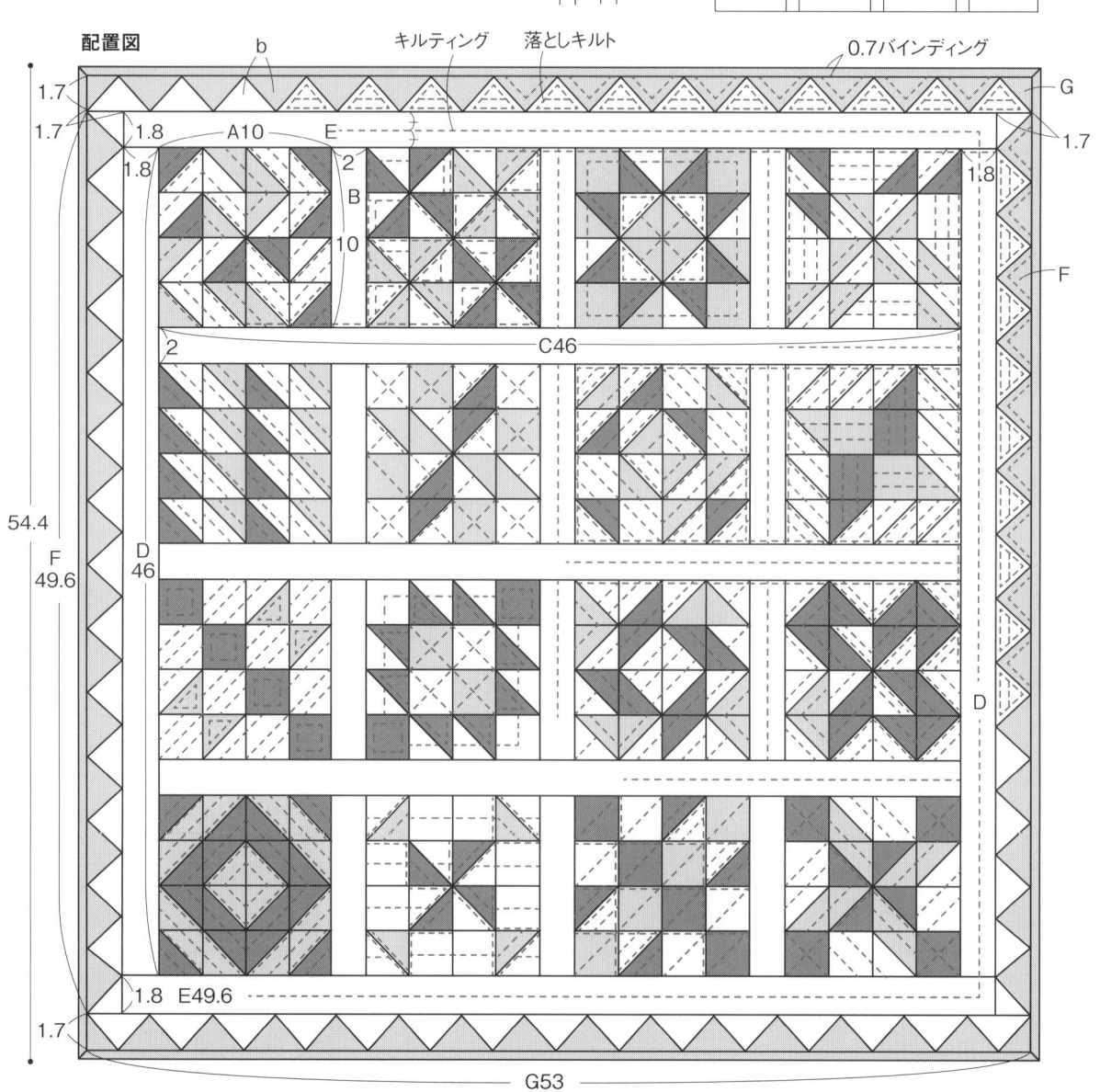

b　キルティング　落としキルト　0.7バインディング

1.7

1.7

1.8

1.8 A10 E

2

B

10

G

1.7

1.8

F

2 C46

54.4

F
49.6

D
46

D

1.8 E49.6

1.7

G53

54.4

72

作品▷29ページ

X

■材料
パッチワーク用布…スクラップ布を使用、ボーダー…100×20cm、裏布・キルト綿各100×100cm、縫い代始末用バイアス布2.5×400cm

■作り方
①パッチワークをして表布を作る。
②キルト綿と裏布を重ねてキルティングする。
③周囲の縫い代をバイアス布で包み裏側に倒してまつる。

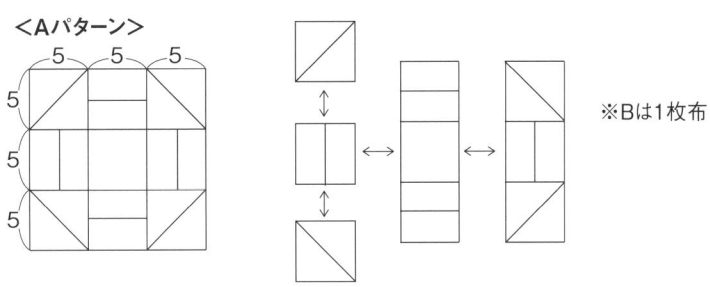

＜Aパターン＞

※Bは1枚布

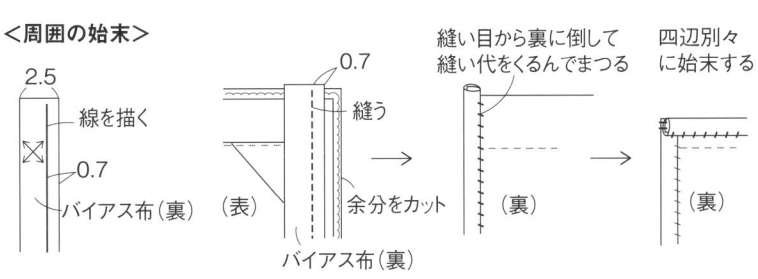

＜周囲の始末＞

2.5　線を描く　0.7　バイアス布（裏）

（表）　0.7　縫う　余分をカット　バイアス布（裏）

縫い目から裏に倒して縫い代をくるんでまつる　（裏）

四辺別々に始末する　（裏）

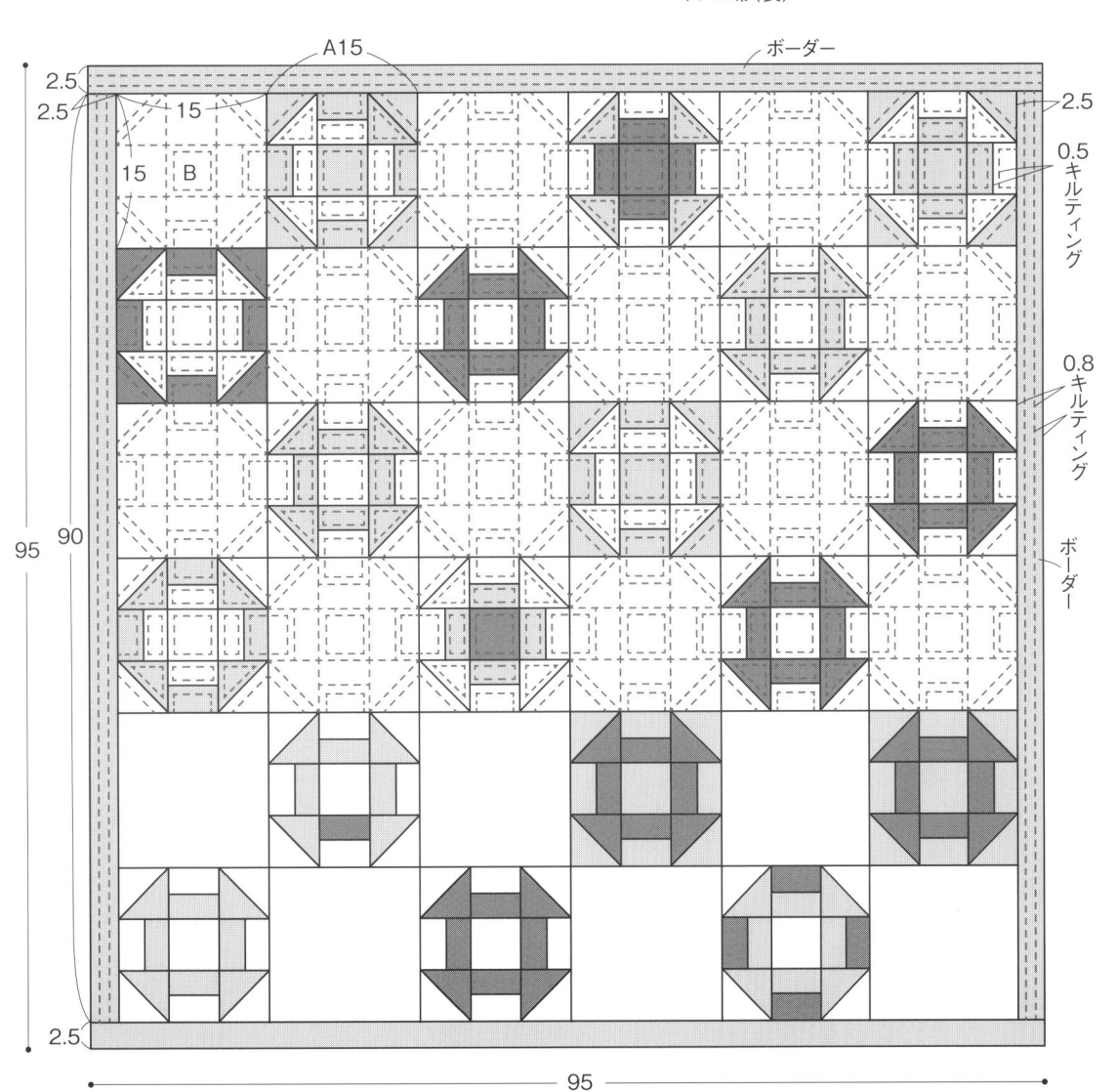

作品 ▷ 27ページ

V

■材料（ピンクッションを含む）

パッチワーク用布…スクラップ布を使用（タブ・ポケット・ファスナー飾りを含む）、まち・底…50×40cm、裏布（内側布）50×40cm、当て布・キルト綿各25×15cm、接着キルト綿45×25cm、バインディング（バイアス）…3.5×120cm、フリースタイルファスナー45cmを2本、スライダー2個、ボタン1個、接着芯・厚地接着芯・両面接着シート・縫い代始末用バイアス布各適宜、（ピンクッション）ボタン2個、ウッドビーズ4個、つめ綿適宜

■作り方

①パッチワークをして上面表布を作りキルト綿と裏布を重ねてキルティングする。

②底・まちB表布に接着キルト綿と厚地接着芯を貼った裏布を重ねてミシンキルト。

③まちAにファスナーをはさんで縫いキルティングし、まちBと縫い合わせて輪に縫う。バイアス布で縫い代の始末をしてまちB側に倒してまつる。

④①とポケットを縫いつけた内側を外表に貼り合わせる。

⑤上面、底、まちを外表に縫い合わせてバンディングする。

実物大型紙　　　　　　　　　　　＜パッチワークのしかた＞

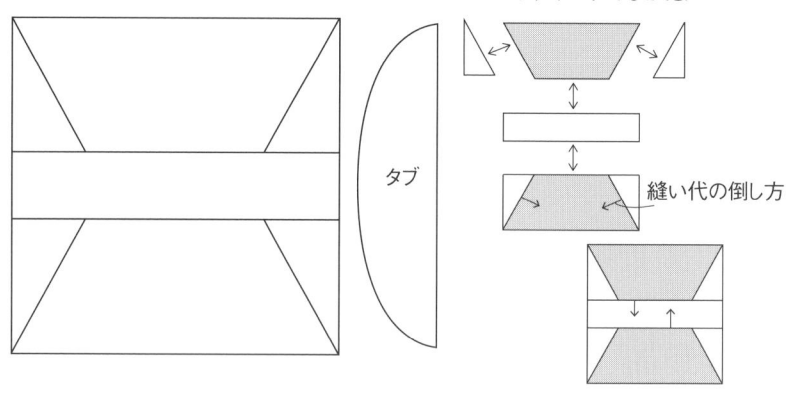

タブ

縫い代の倒し方

配置図　上面（底・内側同寸）

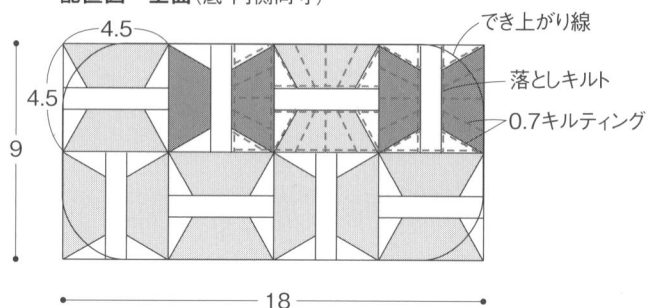

でき上がり線
落としキルト
0.7キルティング

4.5
4.5
9
18

底 ※裏布（内側布）に厚地接着芯（裁ち切り）を貼り、接着キルト綿をはさみミシンキルト

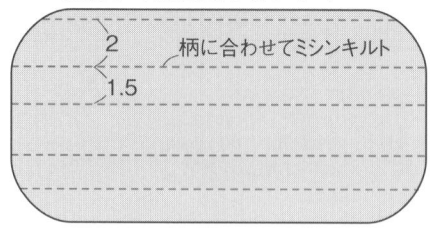

2
1.5
柄に合わせてミシンキルト

上面内側
※内側布に厚手接着芯（裁ち切り）を貼る

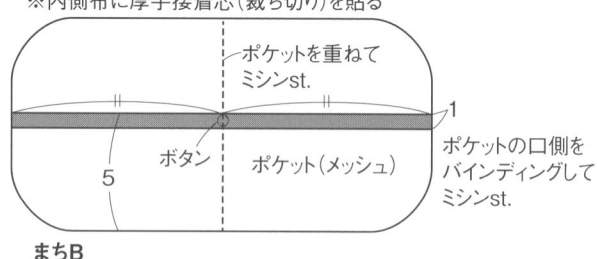

ポケットを重ねてミシンst.
ボタン
ポケット（メッシュ）
ポケットの口側をバインディングしてミシンst.
1
5

まちA ※裏布に厚地接着芯（裁ち切り）を貼る

5
41

まちB
※裏布（内側布）に厚地接着芯（裁ち切り）を貼り、接着キルト綿をはさみミシンキルト

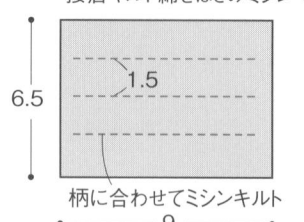

6.5
1.5
柄に合わせてミシンキルト
9

タブ（2枚）
縫う　中表
0.5ミシンst.
返し口
表に返す
（表）
接着芯（裁ち切り）を貼る
両面接着シートを中に入れて貼る

まちを作る ※ファスナーのつけ方はp44を参照

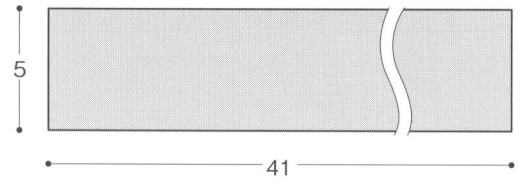

フリースタイルファスナー（45cm）端に余裕をもたせる
スライダーを通す
ミシンst.
1.5
1.5
柄に合わせてミシンキルト
タブ（表）
仮止め
まちA裏布（裏）
接着キルト綿　まちA表布（表）

まちBを縫う

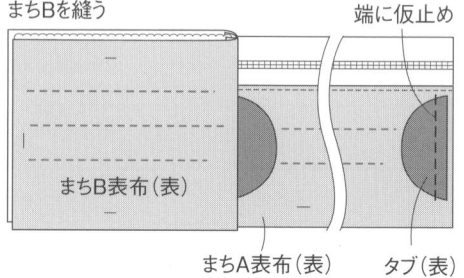

端に仮止め
まちB表布（表）
まちA表布（表）
タブ（表）

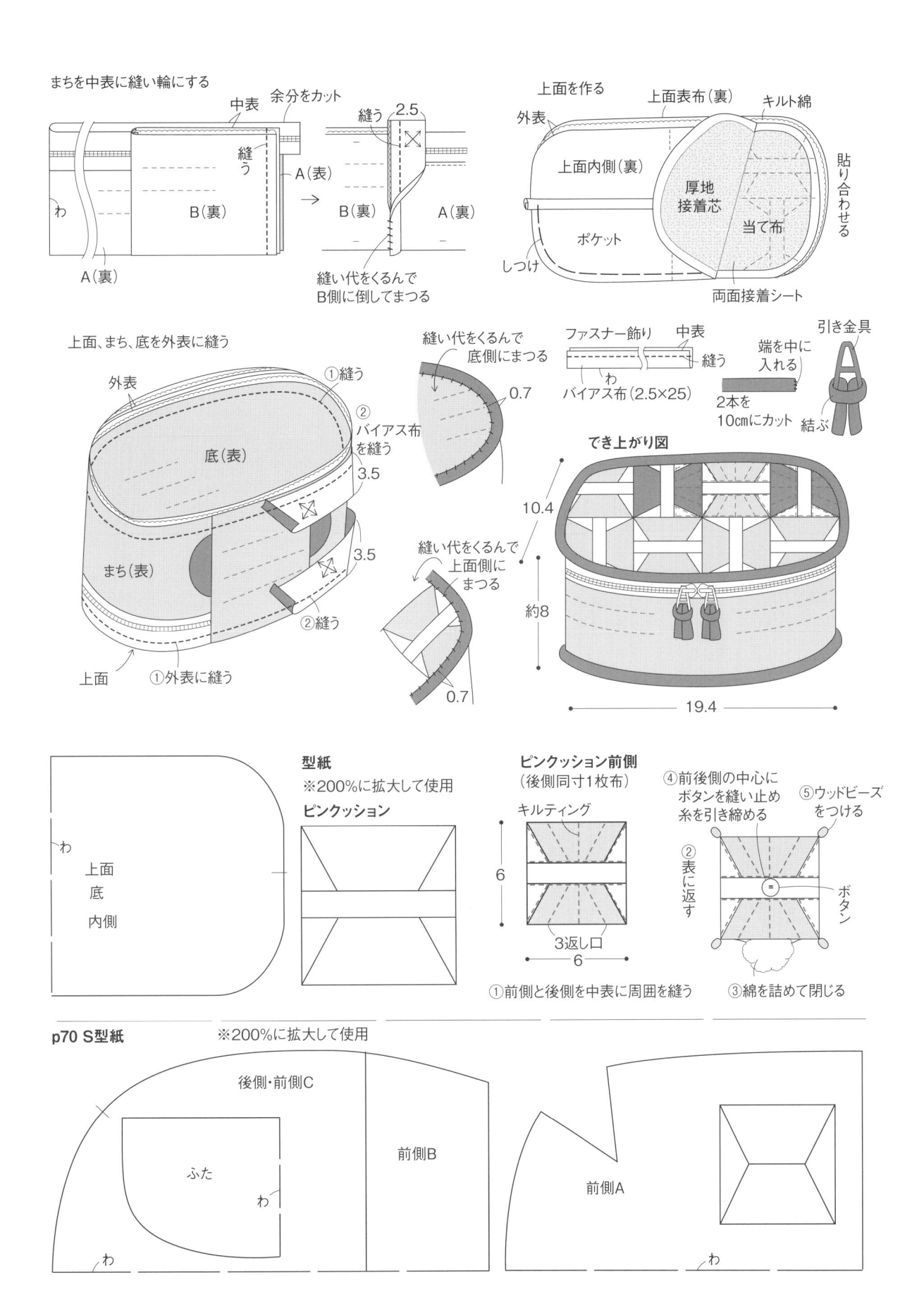

まちを中表に縫い輪にする

中表　余分をカット

縫う　2.5

A（表）

縫う

わ　B（裏）　A（裏）

B（裏）　A（裏）

A（裏）

縫い代をくるんで
B側に倒してまつる

上面を作る

上面表布（裏）　キルト綿

外表

上面内側（裏）　厚地接着芯

当て布

貼り合わせる

ポケット

しつけ

両面接着シート

上面、まち、底を外表に縫う

外表

①縫う

②バイアス布を縫う

底（表）

3.5

まち（表）

3.5

②縫う

上面　①外表に縫う

縫い代をくるんで
底側にまつる

0.7

縫い代をくるんで
上面側にまつる

0.7

ファスナー飾り　中表

縫う

わ

バイアス布（2.5×25）

端を中に入れる

2本を
10cmにカット

引き金具

結ぶ

でき上がり図

10.4

約8

19.4

型紙
※200%に拡大して使用
ピンクッション

わ

上面
底
内側

ピンクッション前側
（後側同寸1枚布）

キルティング

6

3返し口

6

①前側と後側を中表に周囲を縫う

④前後側の中心に
ボタンを縫い止め
糸を引き締める

②表に返す

ボタン

③綿を詰めて閉じる

⑤ウッドビーズ
をつける

p70 S型紙　※200%に拡大して使用

後側・前側C

前側B

ふた　わ

わ

前側A

わ

75

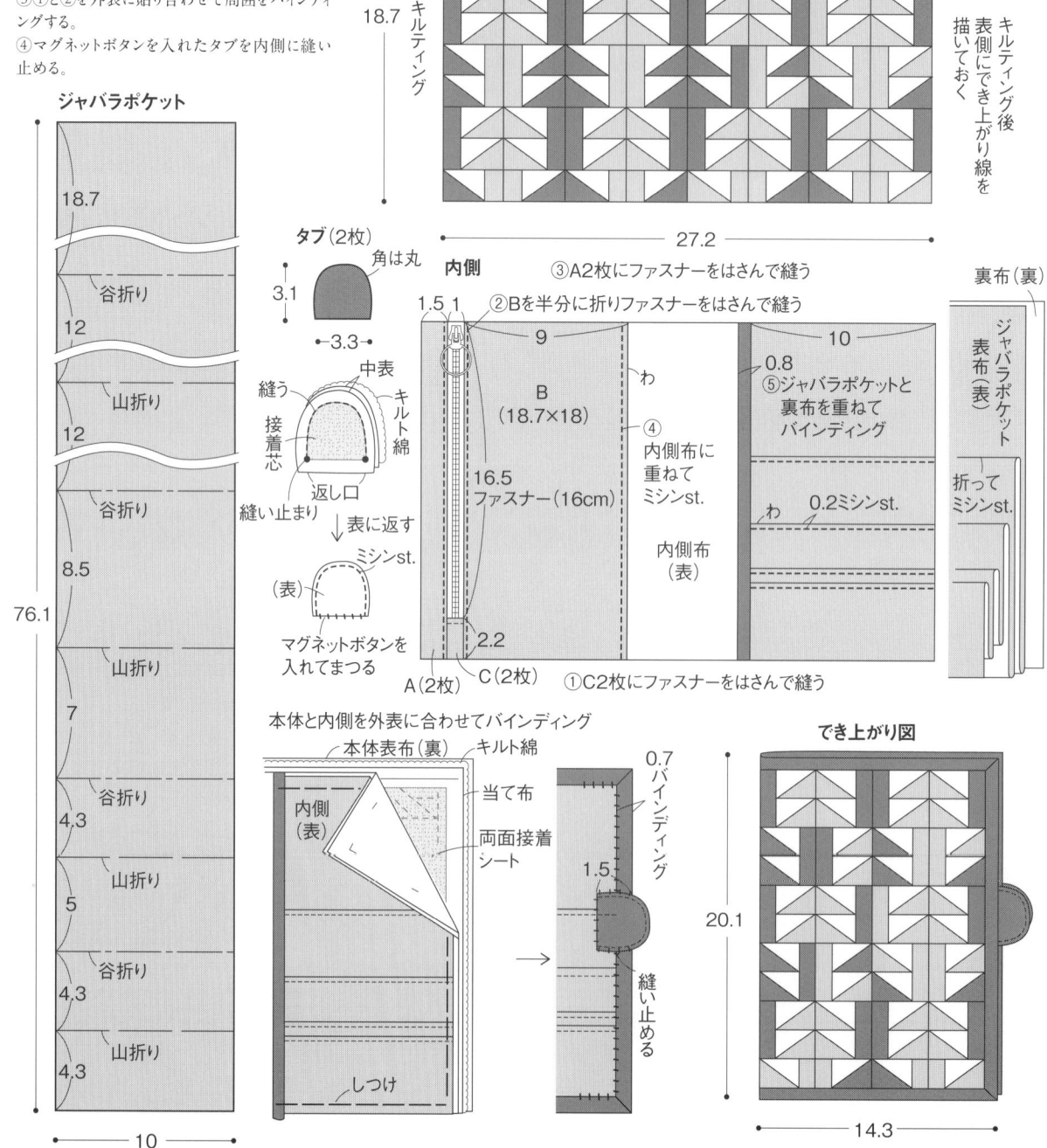

■材料
パッチワーク用布…スクラップ布を使用(タブを含む)、内側・ファスナーポケット…各25×35cm、ジャバラポケット…80×15cm、当て布・キルト綿各25×35cm、バインディング(バイアス)2種…3.5×110cm・3.5×25cm、直径2cmマグネットボタン1組、接着芯・両面接着シート各適宜

■作り方
①パッチワークをして表布を作りキルト綿と当て布を重ねてキルティングする。
②ファスナーポケットを作り、内側布に重ねて縫う。ジャバラポケット表布と裏布を重ねて口側をバインディングして内側布にしつけで止める。
③①と②を外表に貼り合わせて周囲をバインディングする。
④マグネットボタンを入れたタブを内側に縫い止める。

実物大型紙

＜パッチワークのしかた＞
縫い代の倒し方

配置図

本体(内側布同寸)

6.8　6.8　18.7　キルティング
1　2.4　2.4　1
3.4
1.7
1.7
キルティング後表側にでき上がり線を描いておく

27.2

ジャバラポケット
18.7
谷折り
12
山折り
12
谷折り
8.5
山折り
7
谷折り
4.3
山折り
5
谷折り
4.3
山折り
4.3
76.1
10

タブ(2枚)
角は丸
3.1
3.3

中表
縫う
キルト綿
接着芯
返し口
縫い止まり
表に返す
ミシンst.
(表)
マグネットボタンを入れてまつる

内側
③A2枚にファスナーをはさんで縫う
②Bを半分に折りファスナーをはさんで縫う
1.5　1
9
わ
B
(18.7×18)
④
内側布に重ねてミシンst.
16.5
ファスナー(16cm)
2.2
A(2枚)　C(2枚)
①C2枚にファスナーをはさんで縫う

10
0.8
⑤ジャバラポケットと裏布を重ねてバインディング
わ
0.2ミシンst.
内側布(表)

裏布(裏)
ジャバラポケット表布(表)
折ってミシンst.

本体と内側を外表に合わせてバインディング
本体表布(裏)　キルト綿
内側(表)
当て布
両面接着シート
しつけ

0.7
バインディング
1.5
縫い止める

でき上がり図
20.1
14.3

作品▷30ページ

■材料

パッチワーク用布…スクラップ布を使用（持ち手を含む）、裏布・キルト綿各90×50cm、接着キルト綿40×15cm、直径2cmマグネットボタン1組、接着芯・縫い代始末用バイアス布各適宜

■作り方

①パッチワークをして本体表布を2枚作りキルト綿と裏布を重ねてキルティングする。

②2枚を中表に合わせて脇と底を縫う。縫い代は裏布で始末する。

③まちを縫い、縫い代をバイアス布で始末する。

④持ち手を作り、口側に縫い止めバイアス布をぐるりと縫い、縫い代を内側に倒してまつる。

⑤マグネットボタンをつける。

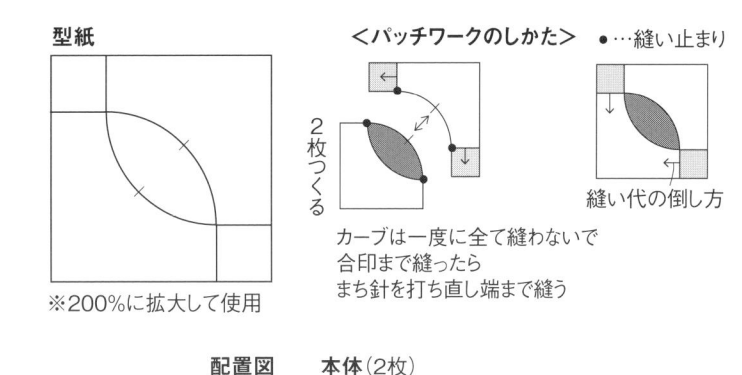

型紙

※200%に拡大して使用

＜パッチワークのしかた＞ ●…縫い止まり

2枚つくる

縫い代の倒し方

カーブは一度に全て縫わないで合印まで縫ったらまち針を打ち直し端まで縫う

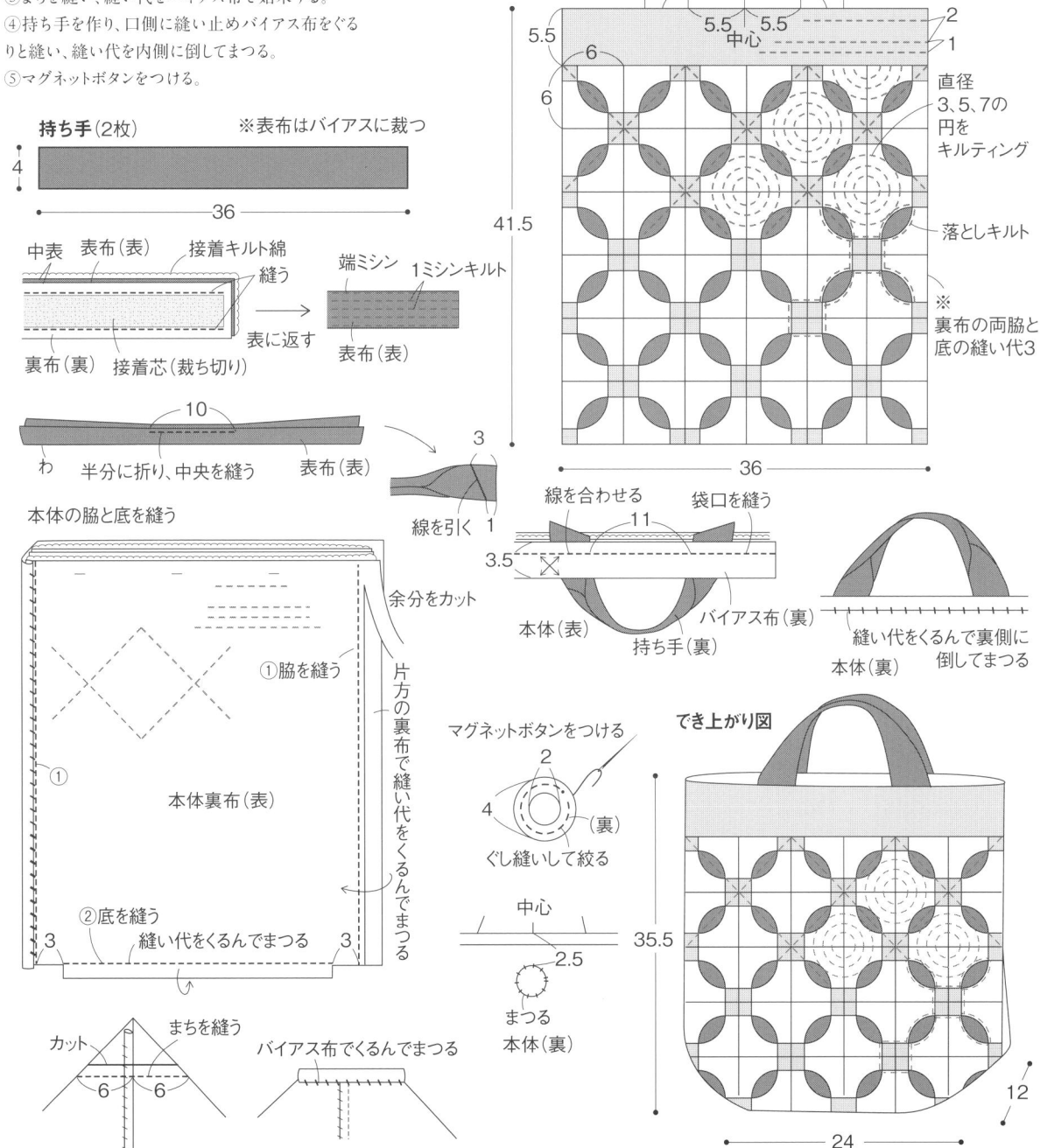

配置図 **本体(2枚)**

持ち手つけ位置

中心

直径3、5、7の円をキルティング

落としキルト

※裏布の両脇と底の縫い代3

持ち手(2枚) ※表布はバイアスに裁つ

中表　表布(表)　接着キルト綿　縫う

裏布(裏)　接着芯(裁ち切り)　表に返す

端ミシン　1ミシンキルト　裏布(裏)　表布(表)

わ　半分に折り、中央を縫う　表布(表)

線を引く

余分をカット

本体の脇と底を縫う

①脇を縫う

本体裏布(表)

②底を縫う

縫い代をくるんでまつる

片方の裏布で縫い代をくるんでまつる

カット　まちを縫う

バイアス布でくるんでまつる

線を合わせる　袋口を縫う

本体(表)　持ち手(裏)　バイアス布(裏)

縫い代をくるんで裏側に倒してまつる　本体(裏)

マグネットボタンをつける

ぐし縫いして絞る　(裏)

中心　まつる　本体(裏)

でき上がり図

35.5

24

12

作品▷31ページ

■材料
パッチワーク用布…スクラップ布を使用（底を含む）、後側…40×40cm、ショルダー…85×15cm、裏布85×50cm、キルト綿40×40cm、接着キルト綿85×50cm、接着芯・縫い代始末用バイアス布・つめ綿各適宜

■作り方ポイント
前後側の底側裏布を多めに裁ち、縫い代を始末する。脇は外表に縫いバインディングする。

型紙　※200%に拡大して使用

＜パッチワークのしかた＞

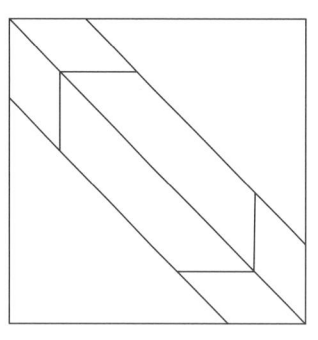

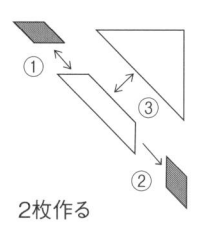
2枚作る

縫い代の倒し方

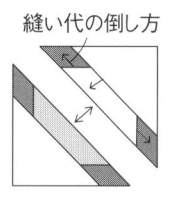

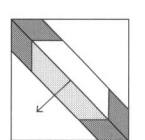

配置図　前側

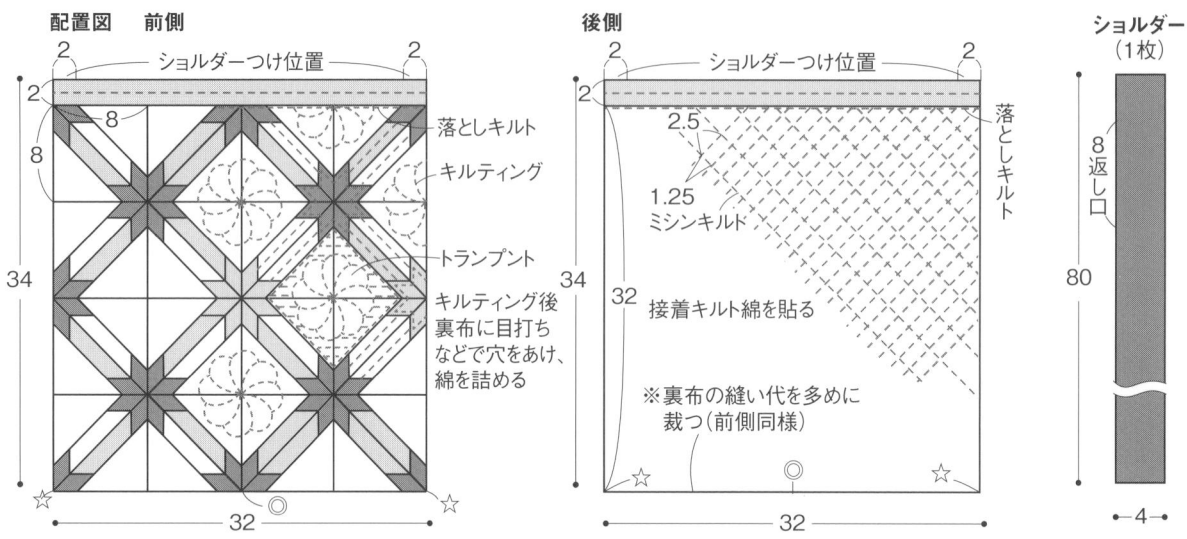

後側

ショルダー（1枚）

底　※裏布に厚地接着芯（裁ち切り）を貼る

ショルダーを作る

でき上がり図

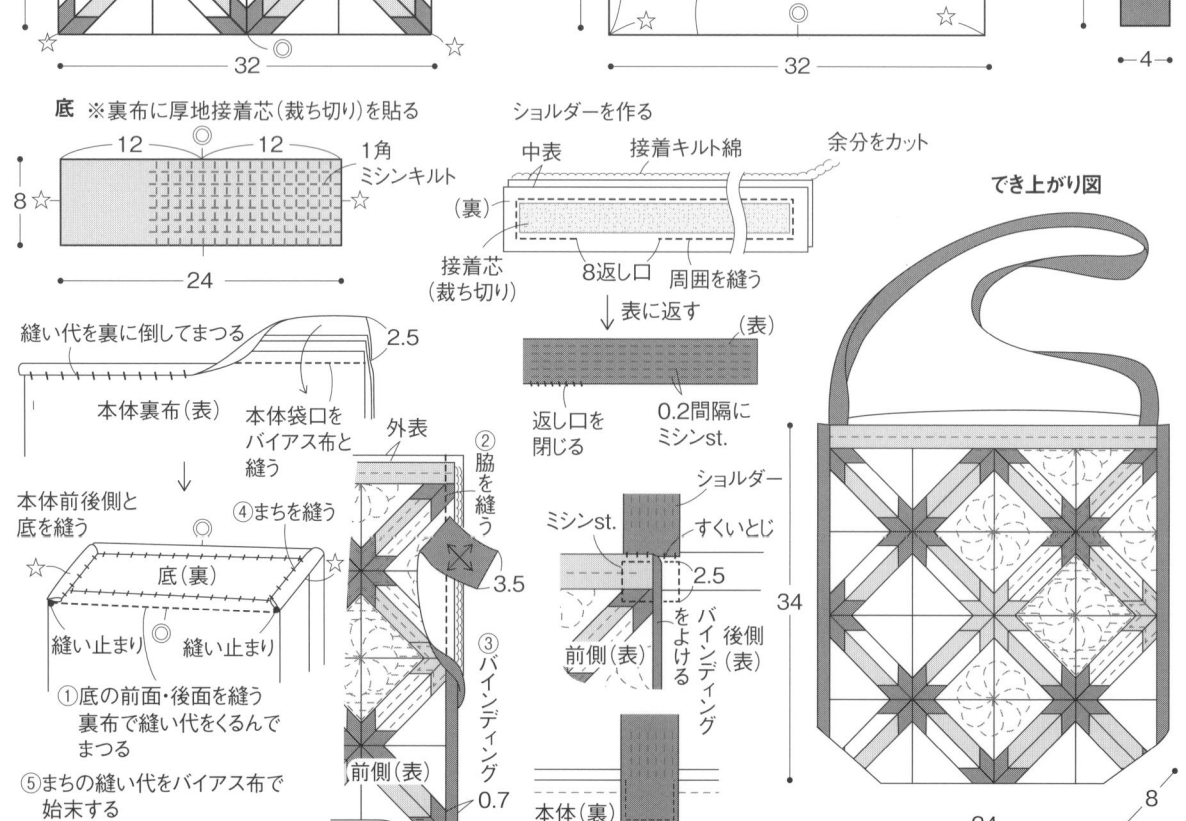

78

作品▷32ページ

AZ

■材料
パッチワーク用布…スクラップ布を使用、裏布・キルト綿
各100×440cm、バインディング（バイアス）3.5×780cm

■作り方
①パターンA、Bをつないで表布を作る。
②キルト綿と裏布を重ねてキルティングする。
③周囲をバインディングする。

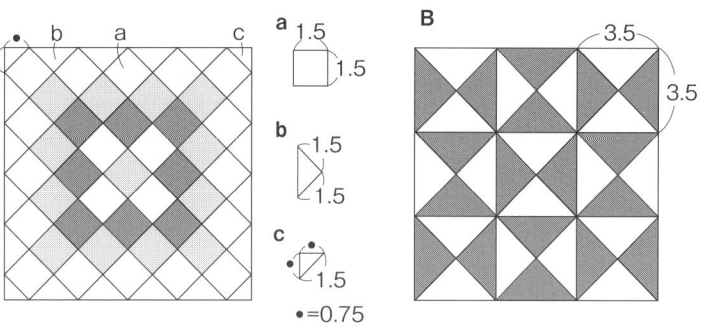

A

a 1.5 / 1.5

b 1.5 / 1.5

c 1.5

•=0.75

B 3.5 / 3.5

配置図

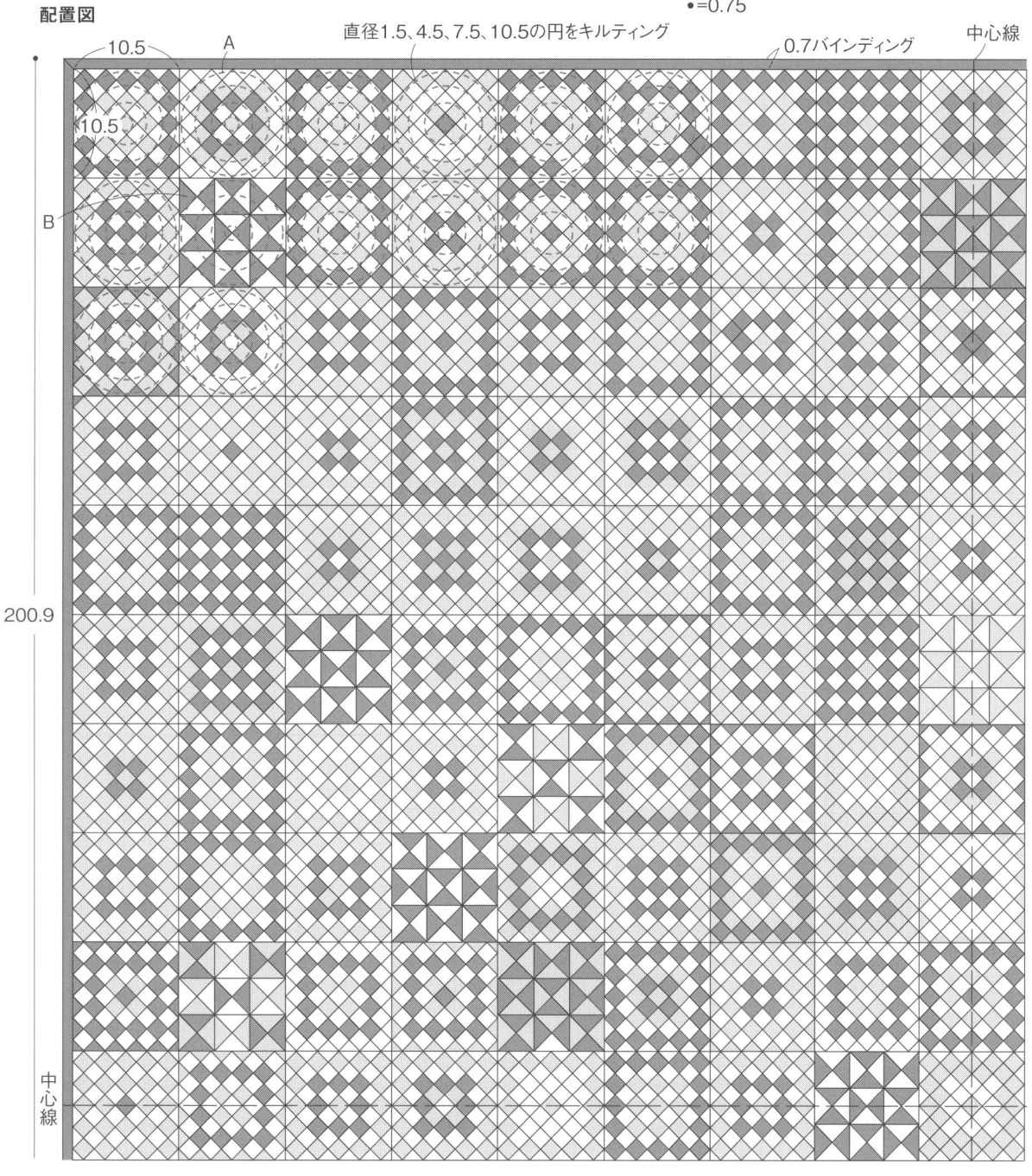

10.5

A

10.5

B

直径1.5、4.5、7.5、10.5の円をキルティング

0.7バインディング

中心線

200.9

中心線

179.9

斉藤謠子

Saito Yoko

パッチワークキルト作家。トーンを大切にした丁寧な作りの作品は、日本だけにとどまらず海外にも多くファンを持つ。テレビ、雑誌などで幅広く活躍。千葉県市川市にてキルトショップ＆教室「キルトパーティ」主宰。著書に『斉藤謠子の手のひらのたからもの』、『斉藤謠子の手のひらのいとしいもの』『語りかけるキルトの小もの』(日本ヴォーグ社)など多数。

キルトパーティ(ショップ＆教室)
〒272-0034　千葉県市川市市川1-23-2 アクティブ市川2F
TEL047-324-3277　FAX047-325-2788
ホームページ　https://www.quilt.co.jp/
Webショップ　https://shop.quilt.co.jp/

制作協力／折見織江、河野久美子、須藤順子、中嶋恵子、林 裕子、船本里美、細川憲子、松田照美、山田数子

STAFF
撮影／白井由香里
スタイリスト／串尾宏枝
ブックデザイン／周 玉慧
トレース／tinyeggs studio 大森裕美子
編集協力／鈴木さかえ
編集担当／石上友美

撮影協力
AWABEES　TEL03-6434-5635

スリーパッチでできるキルト

発行日／2025年3月21日 第1刷
　　　　2025年5月23日 第3刷
著 者／斉藤謠子
発行人／瀬戸信昭　編集人／佐伯瑞代
発行所／株式会社日本ヴォーグ社
　　　　〒164-8705 東京都中野区弥生町5-6-11
　　　　TEL 03-3383-0634 (編集)
　　　　出版受注センター　TEL03-3383-0650　FAX03-3383-0680
印 刷／株式会社シナノ
Printed in Japan　©Yoko Saito 2025
ISBN 978-4-529-06475-0

手づくりに関する情報を発信中
日本ヴォーグ社 公式サイト

ショッピングを楽しむ
手づくりタウン

ハンドメイドのオンラインレッスン

日本ヴォーグ社の通信講座